"Thaiv Tsab zaj dabneeg yog ib qho kev nco txog txoj kev zoo kawg nkaus ntawm ib lub neej; ib zaug ib tus menyuam tub tawg rog ua si ntawm cov thoob khib nyiab nyob rau ib lub vav haujsam kev ntseeg kev cai haujsam hauv Thaib Teb, Tsab tau los ua kev nthuav qhia lub khoos kas rau Science Museum of MN. Kev tsim qauv duab ntawm. Tus kws kos duab Khu Vwj pab txhawb kev nthuav tawm cov lus piav qhia uas ncaj qha thiab txaus siab."
— Kao Kalia Yaj, tus kws sau muaj muaj yeej tau txais khoom plig ntawm phau ntawv *The Latehomecomer*, *The Song Poet*, *Somewhere in the Unknown World*, thiab *Where Rivers Part*

"Kev xaiv zoo heev ntawm ib hom ntawv los nthuav qhia qhov yooj yim ntawm kev muaj zog rau kev hais dabneeg hauv thawj tus neeg, uas ua rau cov neeg kawm txhua qib hauv cov tub ntxhais kawm tus qauv uas lawv cov dabneeg muaj kev tseem ceeb heev."
— Npib Vaj, tus thawj kws qhia hauv lub tsev kawm theem siab LEAP, tus kws qhia ntawv ntawm Saint Paul Public Schools yav dhau los

"Phau ntawv zoo tshaj plaws hais txog kev tawm tsam, lub cib fim, thiab muaj yeej. Kuv xav qhia tias phau ntawv heev rau cov kws qhia ntawv, cov neeg nyeem ntawv uas yog neeg hluas, thiab rau cov uas muaj kev txaus siab nkag siab txog cov kev cov nyom uas peb cov neeg meskas phaum tshiab, cov Hmoob tau ntsib!"
— Lis Pov Xyooj, tus thawj coj ntawm lub chaw saib xyuas kev kawm ntawv hmoob ntawm lub tsev kawm ntawv yus nis vaws xis this Concordia

"[...] kev xav txog tus kheej uas zoo nkauj thiab cov lus piav qhia ntawm tus kheej uas muaj kev hlub qhia txog cov ntsiab lus thoob ntiaj teb: los ntawm hnub nyoog, tsev neeg, zej zog, kev muaj tswv yim, thiab kev nrhiav thiab kev ua raws li tus kheej txoj kev nyiam thiab kev txaus siab.
— Joanne Jones-Rizzi, tus lwm thawj tswj ntawm Science Museum of MN txog kev kawm tshawb fawb txog kev muaj vaj huam sib luag thiab kev kawm

"Txoj kev xav paub xav pom thiab txaus nyiam ntawm Thaiv tus kheej ntawm thaum nws nyob hauv lub yeej thoj nam tawg rog tau pab nws mus nrhiav nws txoj kev npau suav hauv As Meskas. Zaj dabneeg no [...] muaj kev txhawb zog kev xav tau rau cov tib neeg los ntawm kev tsis saib xyuas thiab kev txom nyem los qhia lawv cov lus piav qhia thiab kev paub dhau los yam muaj kev txhawb dag zog."
— See Yee Yaj, tus kws qhia lus hmoob thiab kev kawm txog zej tsoom, lub tsev kawm ntawv theem siab Washington Technology Magnet; tus neeg sau txog *Hide and Seek*; tus neeg sau ua ke txog *Mindy and the Bear*, thiab *The Frog and The Fly*

"Thaiv txoj kev taug kev txhawb nqa peb tsis yog tias ua raws li peb tus kheej cov kev npau suav nkaus xwb tab sis kuj tseem txhawb nqa lwm tus kom ua tiav lawv txoj kev npau suav. Nws zaj dabneeg yog ib txoj kev taug uas zoo nkauj ntawm kev ua siab ntev thiab kev ua tiav. Nyob rau phaum uas xav tau tus qauv neeg tawg rog hauv cov ntawv kawm STEM ntau ntxiv, Thaiv tau ua tus qauv txhawb siab rau ntau tus tib neeg."
— May yer Thoj, tus thawj tswj thiab CEO, lus koomhuam Hmong American Partnership thiab Hmong National Development

Los ntawm kev yuav phau ntawv no,
koj pab txhawb nqa lub hom phiaj ntawm Green Card Voices.

Phau ntawv txiag ISBN 13: 978-1-7327906-9-8
Phau ntawv hauv koos pis tawj ISBN 13: 978-1-949523-27-0
LCCN: 2024901354

Luam tawm hauv Tebchaws Meskas
Thawj phau ntawv thaum luam: 2024
20 19 18 17 16 5 4 3 2 1

Kws Sau: Thaiv Tsab
Kws Kos Duab yog Khu Vwj
Kws Txiav Duab yog Shiney Chi-la Hawj
Kws Txhais Lus yog Npib Vaj-Muas

GREEN CARD VOICES

INGRAM

Consortium Book Sales & Distribution

Green Card Voices
2611 1st Avenue South
Minneapolis, MN 55408
www.greencardvoices.org

Consortium Book Sales & Distribution
34 Thirteenth Avenue NE, Suite 101
Minneapolis, MN 55413-1007
www.cbsd.com

PEB COV DABNEEG COJ PEB TXOG NOV: NRIJ NRIJ NRAWJ NRAWJ TXOG KUV LUB TEEB CI

Thaiv Tsab

KWS SAU

Khu Vwj

KWS KOS DUAB

THAIV TSAB

Yug hauv lub nroog: Zos Vajloog Tsua, ib lub yeej thojnam nyob rau Thaib Teb

Nyob hauv lub nroog: St. Paul, Minnesota

Thaiv Tsab yug thiab loj hlob nyob rau Zos Vajloog Tsua, uas yog ib lub yeej thojnam nyob rau Thaib Teb, nrhiav kev lom zem hauv nws cov tsev hauj sam thiab cov roob tab sis muaj qhov txwv rau kev caum cov kev npau suav. Nws tsev neeg tau tsiv mus rau Tebchaws Meskas hauv xyoo 2004 los nyob ua ke nrog nws tus muam. Nws tau kawm tiav los ntawm University of Minnesota nrog rau qib kawm bachelor hauv kev kawm txog Youth Studies kom pab txhawb tau thiab tsim tau kev loj hlob rau cov hluas neeg los mus kawm STEM. Thaum nyob hauv tsev kawm ntawv qib siab, nws tau los xyaum ua haujlwm hauv Science Museum of Minnesota thiab txij li ntawd kuj tau txav ntau txoj haujlwm txhawm rau los pab ua kom kev tshawb fawb tau yooj yim dua thiab nkag mus rau cov tub ntxhais hluas yav pem suab. Hauv xyoo 2020 nws zaj dabneeg tau tshaj tawm hauv *Green Card STEM Voices: Cov dabneeg los ntawm Minnesota Cov Neeg Tsiv Teb Tsaws Chaw uas ua haujlwm hauv Keebtxuj, Thev Naus Laus Zis, Kev Tsim Tsa Vaj Tse thiab Lej.* Nws mob siab rau kev tsim cov kev paub dhau los uas ua rau tib neeg xav paub hauv kev tshawb fawb thiab thev naus laus zis.

www.greencardvoices.org/speakers/thai-chang

KHU VWJ

Yug hauv lub nroog: Akron, Ohio

Nyob hauv lub nroog: St. Paul, Minnesota

Khu Vwj yog ib tug neeg tsim qauv duab thiab kos duab sib xyaw Neeg Hmoob Meskas phaum thib ob uas nyob hauv St. Paul, Minnesota. Tom qab ua haujlwm ua tus tsim qauv duab ntau tshaj li kaum xyoo, nws kuj ua raws li nws txoj kev npau suav los ua ib tus kws tsim qauv duab ywj pheej. Hauv nws txoj haujlwm nws siv zog los piav txog cov ntsiab lus ntawm kev yog tus poj niam, kev txhawb zog rau kab lig kev cais, thiab kev paub txog hauv zej tsoom. Nws thawj phau ntawv duab, *Caged*, nrog tus sau ntawv Kao Kalia Yaj tau tso tawm thaum lub tsib hlis ntuj 2024. Nyob rau hauv nws lub sijhawm nyob dawb, Khu nyiam mus ncig lub ntiaj teb no nrog nws ob tus menyuam thiab tus txiv. Nws kuj nyiam sim tawm mus txhua lub khw muag khoom noj khoom haus/dej qab zib khov uas nws pom thiab tshawb xyuas qhov chaw muaj phau ntawv me nyuam yaus nyob rau hauv cov khw muag ntawv.

www.koovoo.me

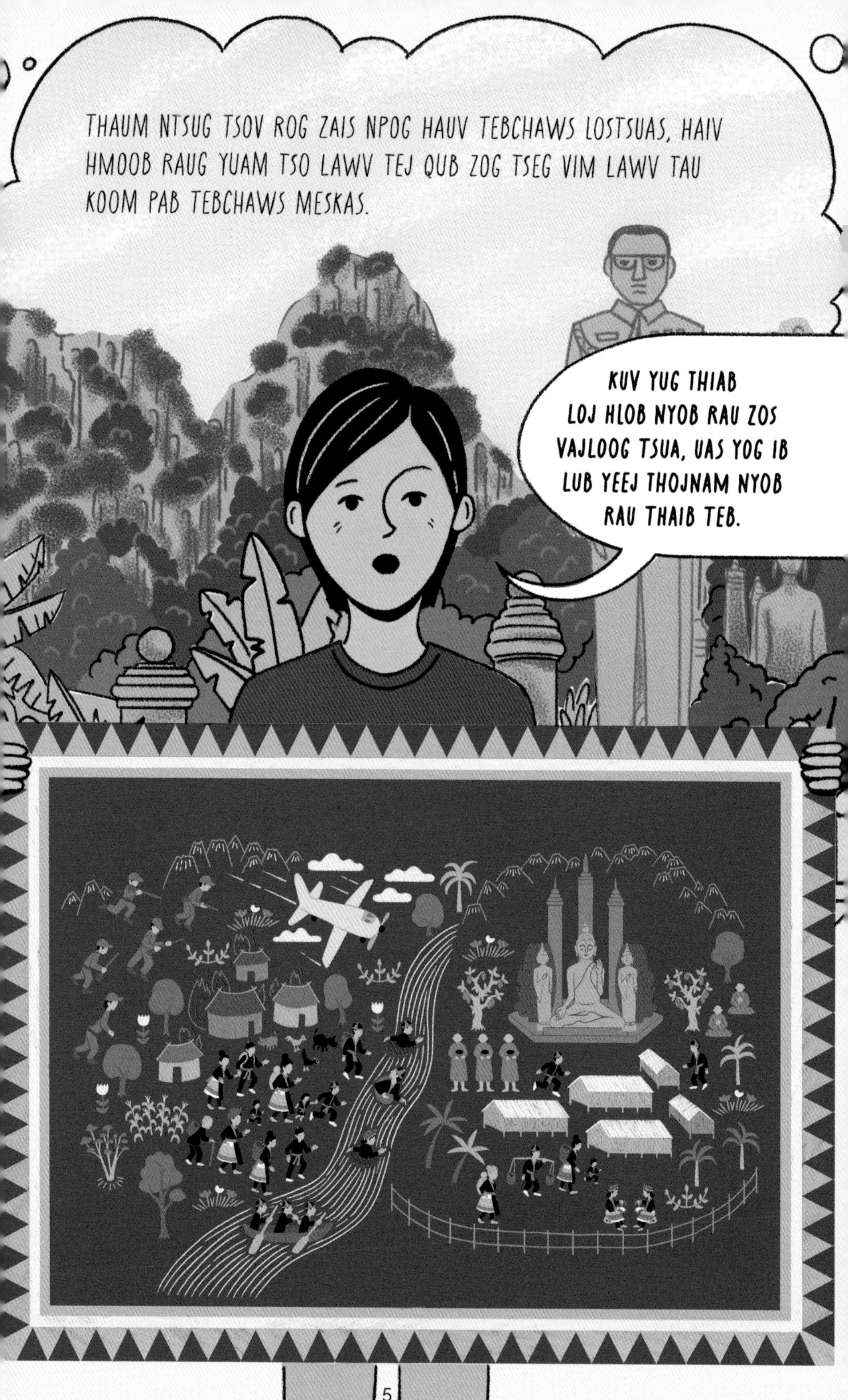
THAUM NTSUG TSOV ROG ZAIS NPOG HAUV TEBCHAWS LOSTSUAS, HAIV HMOOB RAUG YUAM TSO LAWV TEJ QUB ZOG TSEG VIM LAWV TAU KOOM PAB TEBCHAWS MESKAS.
KUV YUG THIAB LOJ HLOB NYOB RAU ZOS VAJLOOG TSUA, UAS YOG IB LUB YEEJ THOJNAM NYOB RAU THAIB TEB.

ZOS VAJLOOG TSUA YOG IB LUB VAV HAUJSAM. XYOO 1990, COV HAUJSAM TAU QHIB KEV TOS TXAIS COV HMOOB THOJNAM LOS NYOB UA CHAW NKAUM.

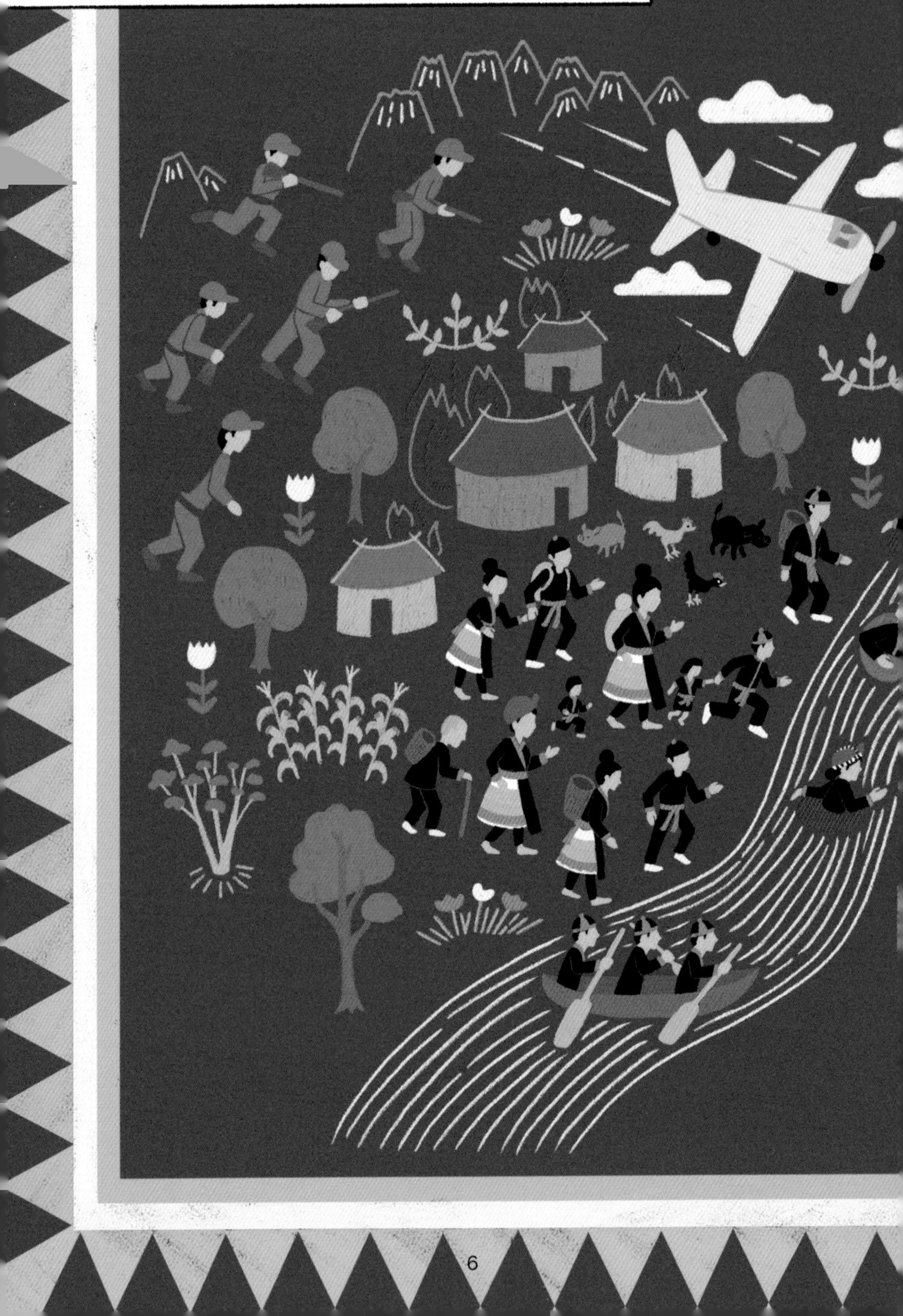

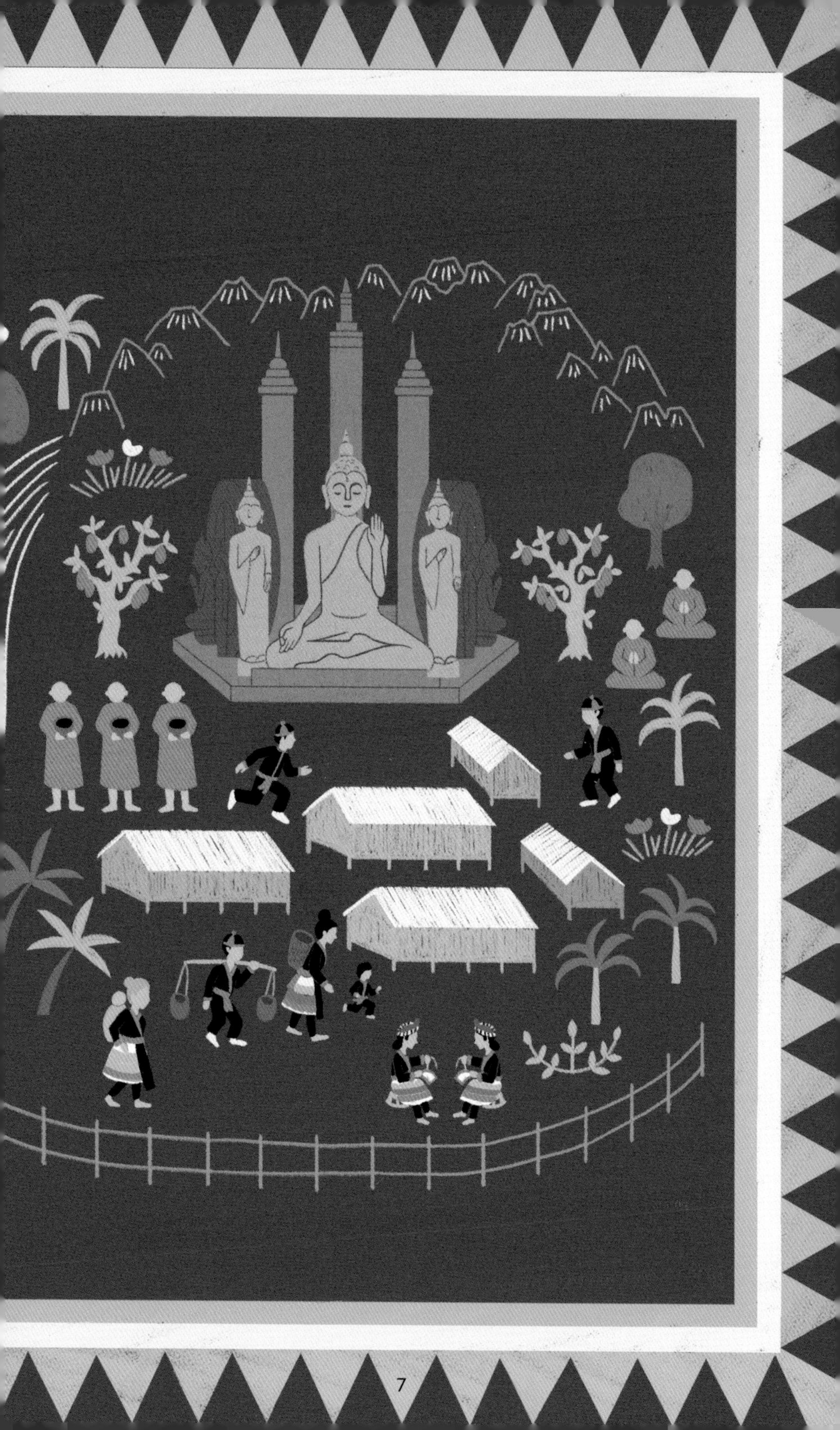

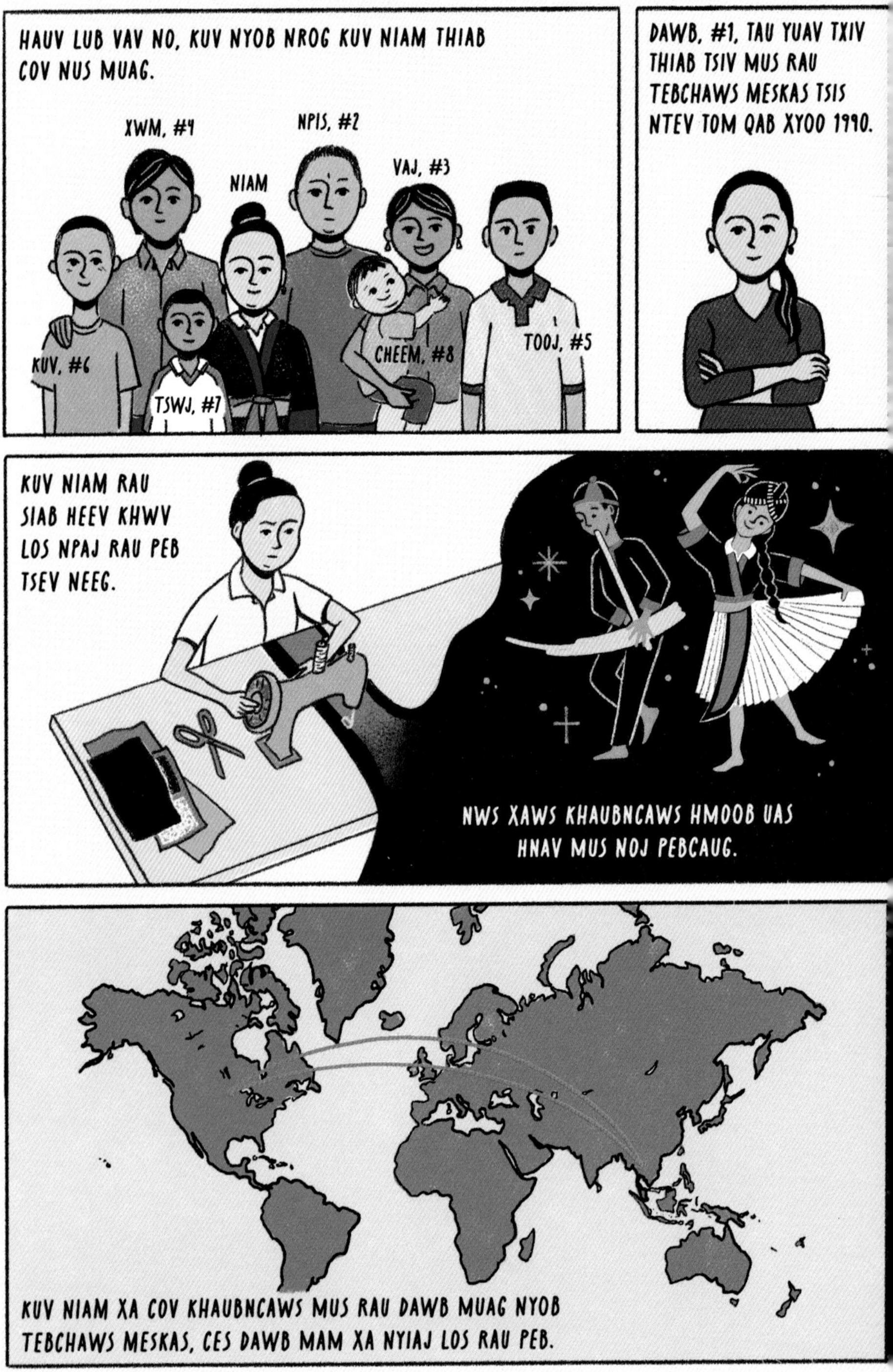
HAUV LUB VAV NO, KUV NYOB NROG KUV NIAM THIAB COV NUS MUAG.
XWM, #4
NPIS, #2
NIAM
VAJ, #3
KUV, #6
TSWJ, #7
CHEEM, #8
TOOJ, #5
DAWB, #1, TAU YUAV TXIV THIAB TSIV MUS RAU TEBCHAWS MESKAS TSIS NTEV TOM QAB XYOO 1990.
KUV NIAM RAU SIAB HEEV KHWV LOS NPAJ RAU PEB TSEV NEEG.
NWS XAWS KHAUBNCAWS HMOOB UAS HNAV MUS NOJ PEBCAUG.
KUV NIAM XA COV KHAUBNCAWS MUS RAU DAWB MUAG NYOB TEBCHAWS MESKAS, CES DAWB MAM XA NYIAJ LOS RAU PEB.

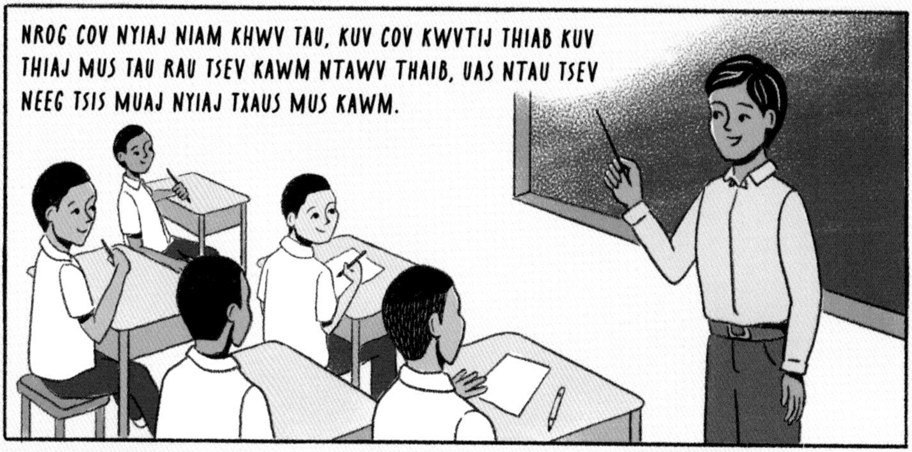
NROG COV NYIAJ NIAM KHWV TAU, KUV COV KWVTIJ THIAB KUV THIAJ MUS TAU RAU TSEV KAWM NTAWV THAIB, UAS NTAU TSEV NEEG TSIS MUAJ NYIAJ TXAUS MUS KAWM.

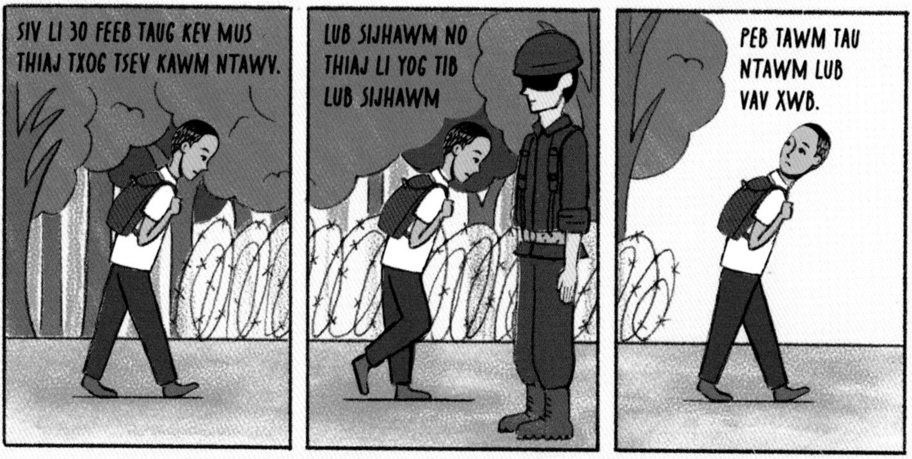
SIV LI 30 FEEB TAUG KEV MUS THIAJ TXOG TSEV KAWM NTAWV.
LUB SIJHAWM NO THIAJ LI YOG TIB LUB SIJHAWM
PEB TAWM TAU NTAWM LUB VAV XWB.

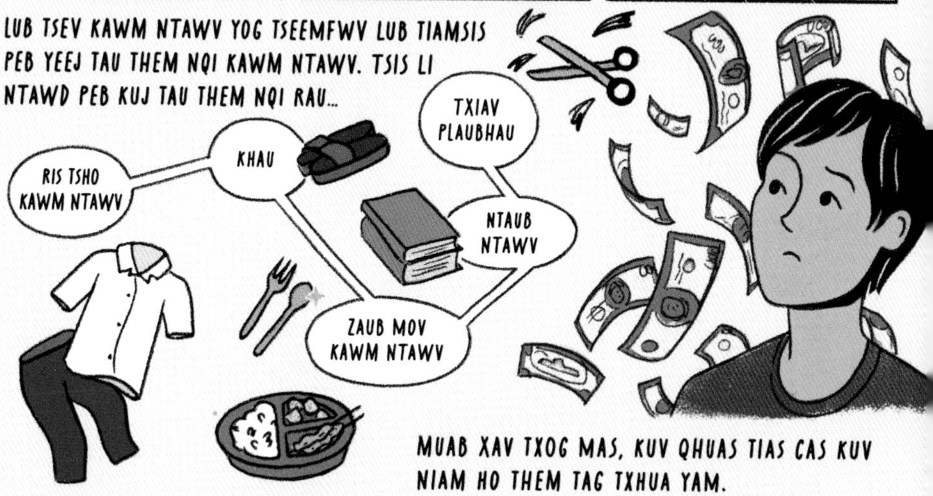
LUB TSEV KAWM NTAWV YOG TSEEMFWV LUB TIAMSIS PEB YEEJ TAU THEM NQI KAWM NTAWV. TSIS LI NTAWD PEB KUJ TAU THEM NQI RAU...
RIS TSHO KAWM NTAWV
KHAU
TXIAV PLAUBHAU
NTAUB NTAWV
ZAUB MOV KAWM NTAWV
MUAB XAV TXOG MAS, KUV QHUAS TIAS CAS KUV NIAM HO THEM TAG TXHUA YAM.

THAUM TSEEM YOG MENYUAM YAUS, SAIB MAS LUB VAV MUAJ NTAU YAM LOMZEM THIAB KEV UASI TSIS TXAWJ XAUS. COV CHAW TEEV HAWM CES YEEJ YOG PEB TEJ CHAW KHIAV UASI.

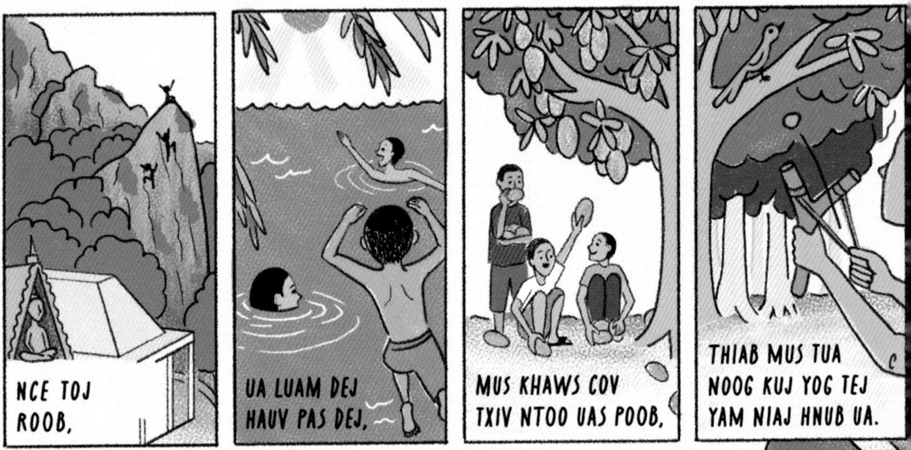
NCE TOJ ROOB,
UA LUAM DEJ HAUV PAS DEJ,
MUS KHAWS COV TXIV NTOO UAS POOB,
THIAB MUS TUA NOOG KUJ YOG TEJ YAM NIAJ HNUB UA.

KUV KUJ NYIAM MUS SAIB YEEBYAM UAS XAIM NRAUM ZOOV. TIB LUB SIJHAWM KUV TAU NYIAG KUV NIAM NYIAJ CES YOG COJ LOS YUAV DAIM PIB MUS SAIB ZAJ HU UA TITANIC.

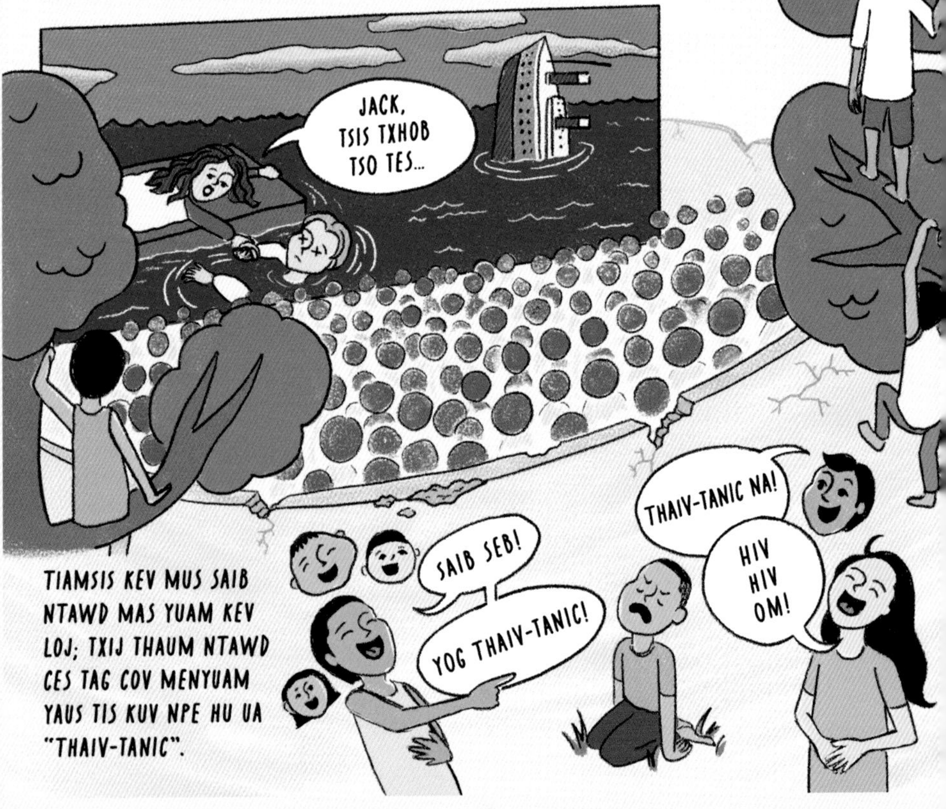
JACK, TSIS TXHOB TSO TES...
TIAMSIS KEV MUS SAIB NTAWD MAS YUAM KEV LOJ; TXIJ THAUM NTAWD CES TAG COV MENYUAM YAUS TIS KUV NPE HU UA "THAIV-TANIC".
SAIB SEB!
YOG THAIV-TANIC!
THAIV-TANIC NA!
HIV HIV OM!

NYOB RAU PUAG TIM NTUG VAV, MUAJ IB PAWG KHIBNYIAB LOJ UAS NEEG MUAB KHOOM MUS POV TSEG. IB YAM KUV NYIAM UA CES YOG MUS XAWB NRHIAV KHOOM TSHWJXEEB.

KUV XAWB TAU TEJ LUB THEV QUB UAS PIAMSIJ LAWM,

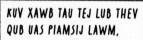

MUAB LUB TSHUAB THEV THAU TAWM,

KOM POM KIV MUS KIV LOS.

CES MUAB NRUAB ROJ TEEB

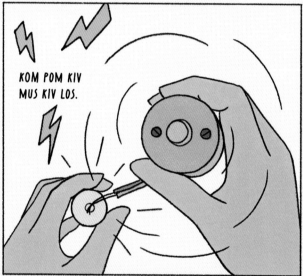

KUV TXAUS SIAB HEEV. KUV TSIS TOTAUB THIAB TSIS PAUB VIM LICAS HO KIV TAU, TIAMSIS UA RAU KUV TXOJ KEV XAV PIB CIG TUAJ.

11

COV HMOOB NYOB HAUV LUB VAV HNOV TIAS YUAV RAUG
TSIV TAWM, OB XYOOS UA NTEJ LUAG PIB KOM PEB TAWM.

AUD, PEB YUAV MUS RAU TEBCHAWS MESKAS.

KUV PIB POM TIBNEEG MUS XAMPHAJ

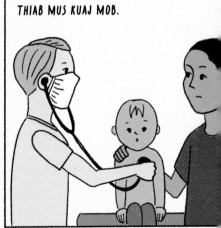

THIAB MUS KUAJ MOB.

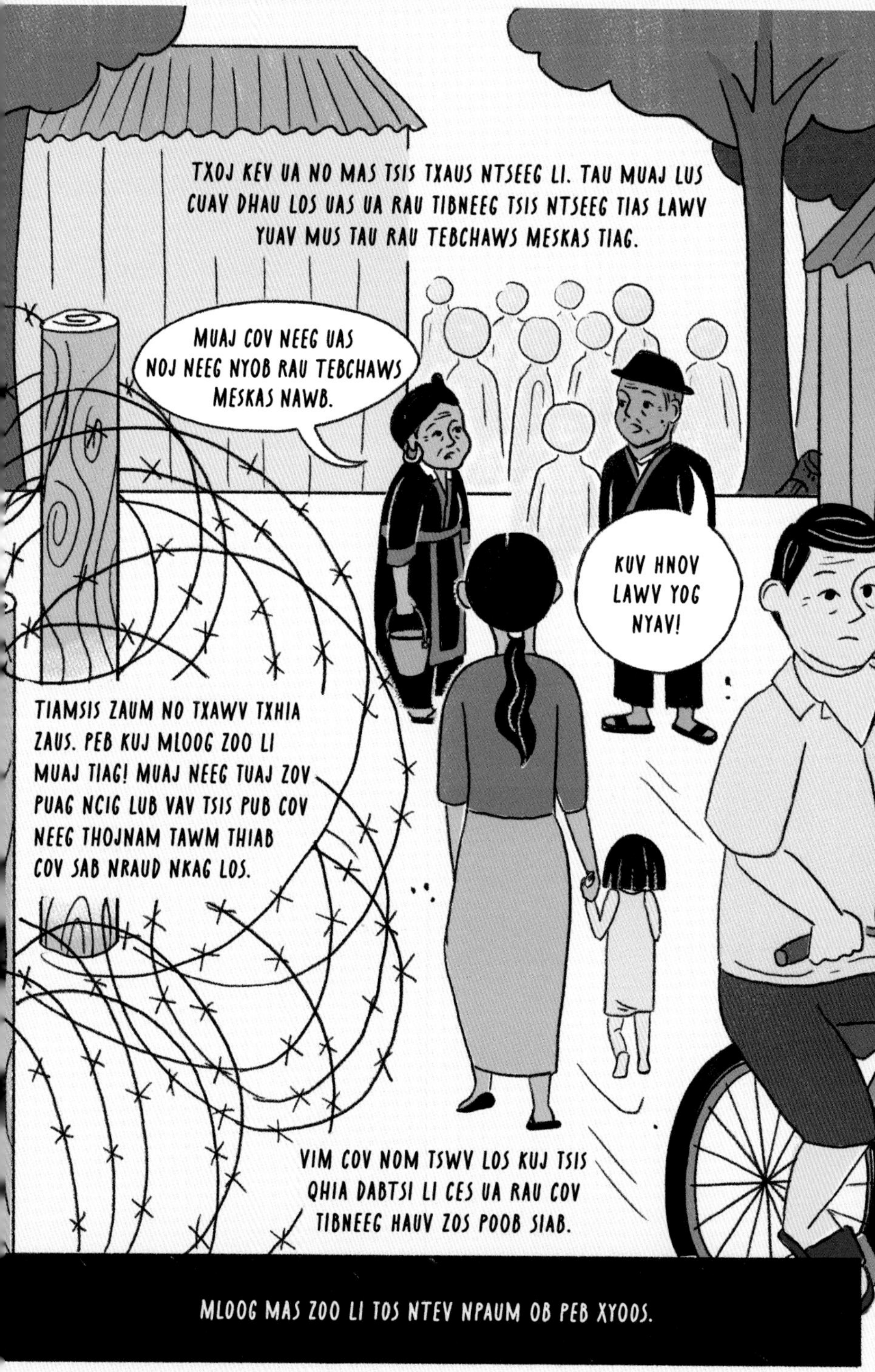
TXOJ KEV UA NO MAS TSIS TXAUS NTSEEG LI. TAU MUAJ LUS CUAV DHAU LOS UAS UA RAU TIBNEEG TSIS NTSEEG TIAS LAWV YUAV MUS TAU RAU TEBCHAWS MESKAS TIAG.
MUAJ COV NEEG UAS NOJ NEEG NYOB RAU TEBCHAWS MESKAS NAWB.
KUV HNOV LAWV YOG NYAV!
TIAMSIS ZAUM NO TXAWV TXHIA ZAUS. PEB KUJ MLOOG ZOO LI MUAJ TIAG! MUAJ NEEG TUAJ ZOV PUAG NCIG LUB VAV TSIS PUB COV NEEG THOJNAM TAWM THIAB COV SAB NRAUD NKAG LOS.
VIM COV NOM TSWV LOS KUJ TSIS QHIA DABTSI LI CES UA RAU COV TIBNEEG HAUV ZOS POOB SIAB.
MLOOG MAS ZOO LI TOS NTEV NPAUM OB PEB XYOOS.

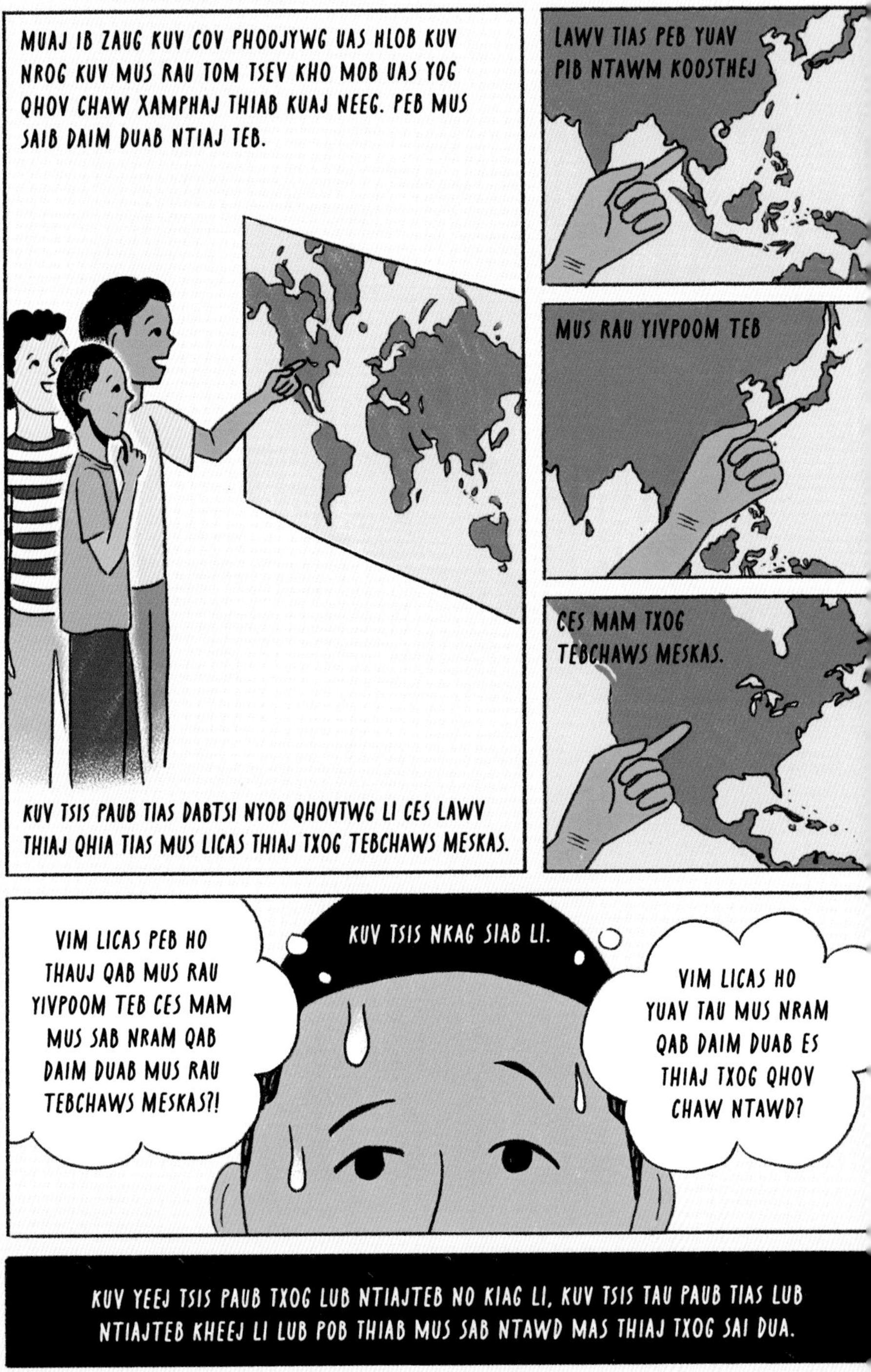

MUAJ IB ZAUG KUV COV PHOOJYWG UAS HLOB KUV NROG KUV MUS RAU TOM TSEV KHO MOB UAS YOG QHOV CHAW XAMPHAJ THIAB KUAJ NEEG. PEB MUS SAIB DAIM DUAB NTIAJ TEB.
KUV TSIS PAUB TIAS DABTSI NYOB QHOVTWG LI CES LAWV THIAJ QHIA TIAS MUS LICAS THIAJ TXOG TEBCHAWS MESKAS.
LAWV TIAS PEB YUAV PIB NTAWM KOOSTHEJ
MUS RAU YIVPOOM TEB
CES MAM TXOG TEBCHAWS MESKAS.
VIM LICAS PEB HO THAUJ QAB MUS RAU YIVPOOM TEB CES MAM MUS SAB NRAM QAB DAIM DUAB MUS RAU TEBCHAWS MESKAS?!
KUV TSIS NKAG SIAB LI.
VIM LICAS HO YUAV TAU MUS NRAM QAB DAIM DUAB ES THIAJ TXOG QHOV CHAW NTAWD?
KUV YEEJ TSIS PAUB TXOG LUB NTIAJTEB NO KIAG LI, KUV TSIS TAU PAUB TIAS LUB NTIAJTEB KHEEJ LI LUB POB THIAB MUS SAB NTAWD MAS THIAJ TXOG SAI DUA.

THAUM PIB LUB CAIJ NTUJ TSHIAB 2004, COV TIBNEEG
RAUG XA TAWM MUS NYOB RAU NTAU LUB TEBCHAWS.

YOU ARE
HERE

TEBCHAWS MESKAS, FABKIS THIAB AUVTASLIAS YOG OB
PEB LUB UAS TOS TXAIS COV NEEG THOJNAM.

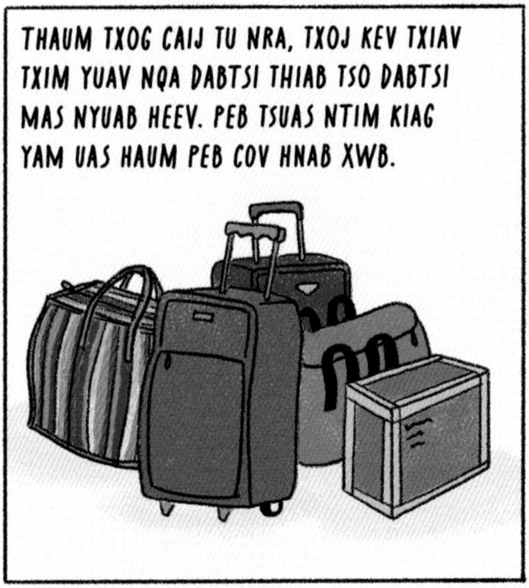
THAUM TXOG CAIJ TU NRA, TXOJ KEV TXIAV TXIM YUAV NQA DABTSI THIAB TSO DABTSI MAS NYUAB HEEV. PEB TSUAS NTIM KIAG YAM UAS HAUM PEB COV HNAB XWB.

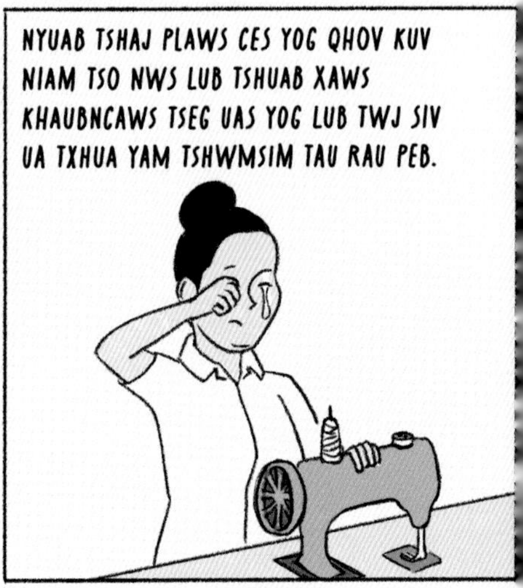
NYUAB TSHAJ PLAWS CES YOG QHOV KUV NIAM TSO NWS LUB TSHUAB XAWS KHAUBNCAWS TSEG UAS YOG LUB TWJ SIV UA TXHUA YAM TSHWMSIM TAU RAU PEB.

LUB SIJHAWM NCE NPAV MUS RAU TSHAV DAV HLAU KIAG KUV MAM RAS TIAS QHOV NO YOG TSEEB TIAG TIAG LI LAWM.

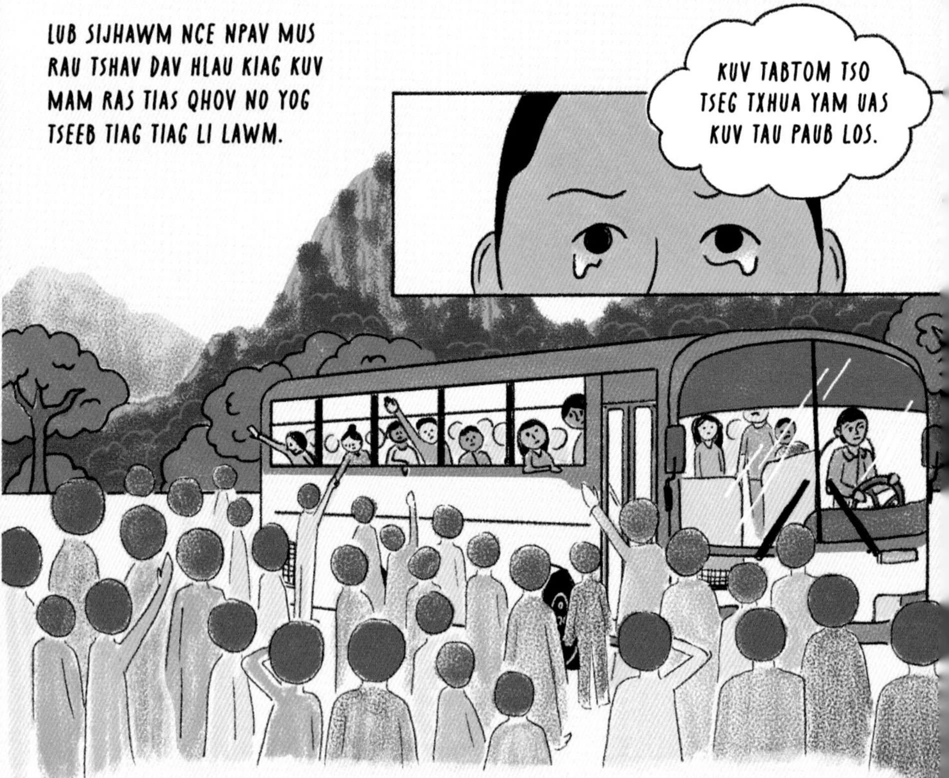
KUV TABTOM TSO TSEG TXHUA YAM UAS KUV TAU PAUB LOS.

COOB LEEJ NTSAUV LUB NPAV THAUM NPAV PIB SAWV KEV; NWS UA RAU TIBNEEG TXAV ZOM ZAWS. COV NEEG QUAJ THIAB YOJ TEG SIB NCAIM.

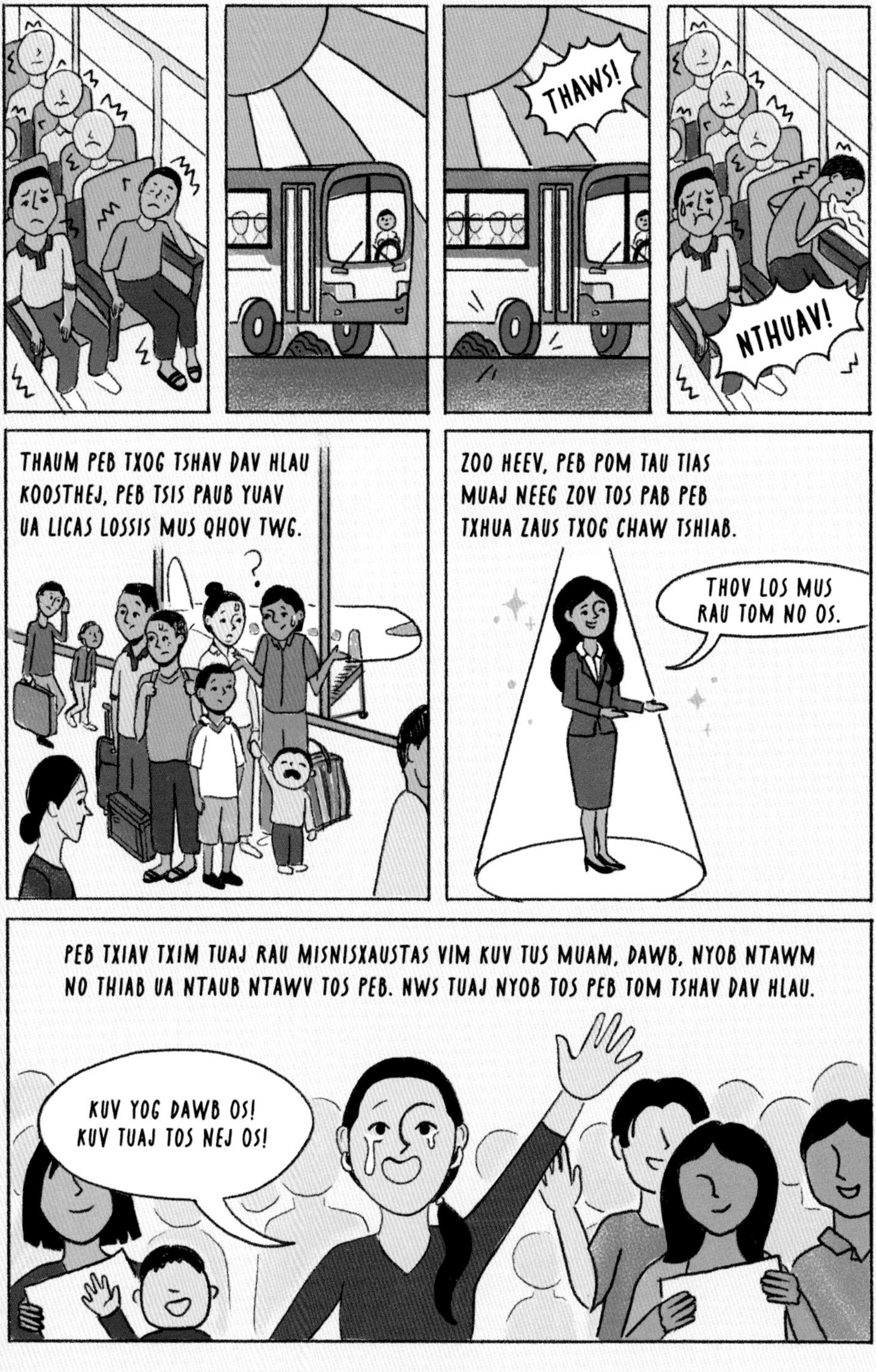
THAWS!
NTHUAV!
THAUM PEB TXOG TSHAV DAV HLAU KOOSTHEJ, PEB TSIS PAUB YUAV UA LICAS LOSSIS MUS QHOV TWG.
ZOO HEEV, PEB POM TAU TIAS MUAJ NEEG ZOV TOS PAB PEB TXHUA ZAUS TXOG CHAW TSHIAB.
THOV LOS MUS RAU TOM NO OS.
PEB TXIAV TXIM TUAJ RAU MISNISXAUSTAS VIM KUV TUS MUAM, DAWB, NYOB NTAWM NO THIAB UA NTAUB NTAWV TOS PEB. NWS TUAJ NYOB TOS PEB TOM TSHAV DAV HLAU.
KUV YOG DAWB OS! KUV TUAJ TOS NEJ OS!

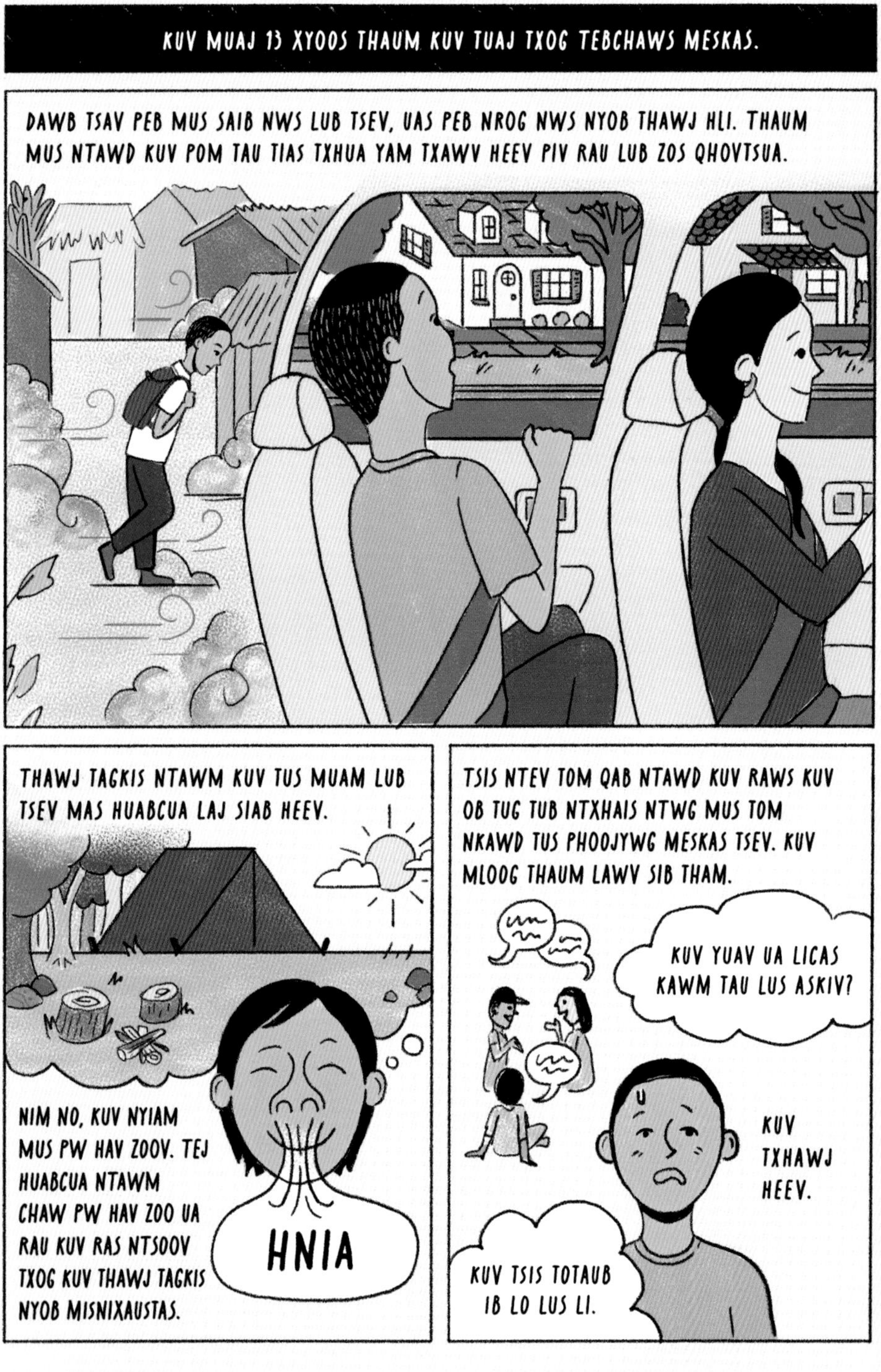
KUV MUAJ 13 XYOOS THAUM KUV TUAJ TXOG TEBCHAWS MESKAS.
DAWB TSAV PEB MUS SAIB NWS LUB TSEV, UAS PEB NROG NWS NYOB THAWJ HLI. THAUM MUS NTAWD KUV POM TAU TIAS TXHUA YAM TXAWV HEEV PIV RAU LUB ZOS QHOVTSUA.
THAWJ TAGKIS NTAWM KUV TUS MUAM LUB TSEV MAS HUABCUA LAJ SIAB HEEV.
NIM NO, KUV NYIAM MUS PW HAV ZOOV. TEJ HUABCUA NTAWM CHAW PW HAV ZOO UA RAU KUV RAS NTSOOV TXOG KUV THAWJ TAGKIS NYOB MISNIXAUSTAS.
HNIA
TSIS NTEV TOM QAB NTAWD KUV RAWS KUV OB TUG TUB NTXHAIS NTWG MUS TOM NKAWD TUS PHOOJYWG MESKAS TSEV. KUV MLOOG THAUM LAWV SIB THAM.
KUV YUAV UA LICAS KAWM TAU LUS ASKIV?
KUV TXHAWJ HEEV.
KUV TSIS TOTAUB IB LO LUS LI.

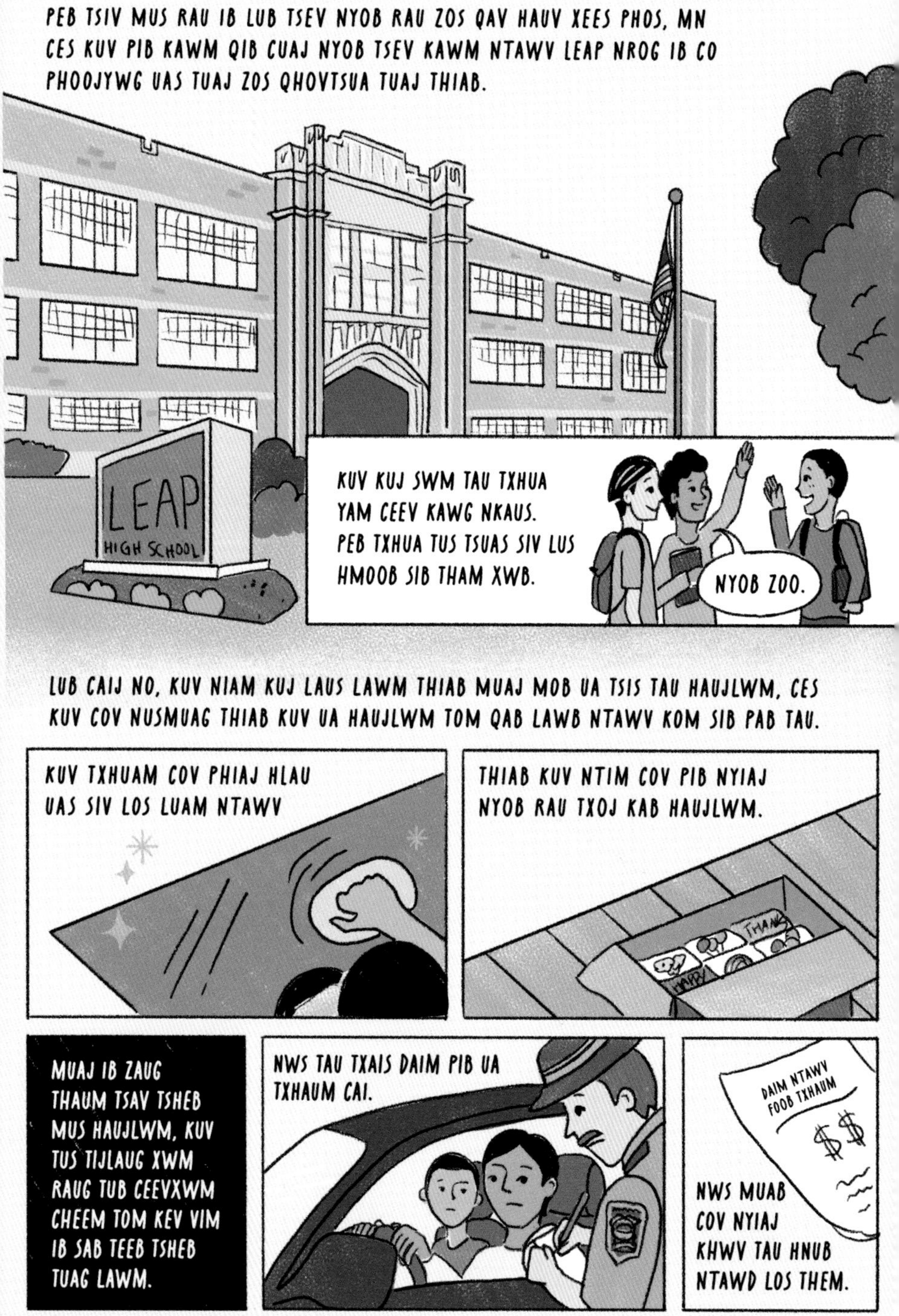
PEB TSIV MUS RAU IB LUB TSEV NYOB RAU ZOS QAV HAUV XEES PHOS, MN CES KUV PIB KAWM QIB CUAJ NYOB TSEV KAWM NTAWV LEAP NROG IB CO PHOOJYWG UAS TUAJ ZOS QHOVTSUA TUAJ THIAB.
LEAP
HIGH SCHOOL
KUV KUJ SWM TAU TXHUA YAM CEEV KAWG NKAUS. PEB TXHUA TUS TSUAS SIV LUS HMOOB SIB THAM XWB.
NYOB ZOO.
LUB CAIJ NO, KUV NIAM KUJ LAUS LAWM THIAB MUAJ MOB UA TSIS TAU HAUJLWM, CES KUV COV NUSMUAG THIAB KUV UA HAUJLWM TOM QAB LAWB NTAWV KOM SIB PAB TAU.
KUV TXHUAM COV PHIAJ HLAU UAS SIV LOS LUAM NTAWV
THIAB KUV NTIM COV PIB NYIAJ NYOB RAU TXOJ KAB HAUJLWM.
MUAJ IB ZAUG THAUM TSAV TSHEB MUS HAUJLWM, KUV TUS TIJLAUG XWM RAUG TUB CEEVXWM CHEEM TOM KEV VIM IB SAB TEEB TSHEB TUAG LAWM.
NWS TAU TXAIS DAIM PIB UA TXHAUM CAI.
DAIM NTAWV FOOB TXHAUM
NWS MUAB COV NYIAJ KHWV TAU HNUB NTAWD LOS THEM.

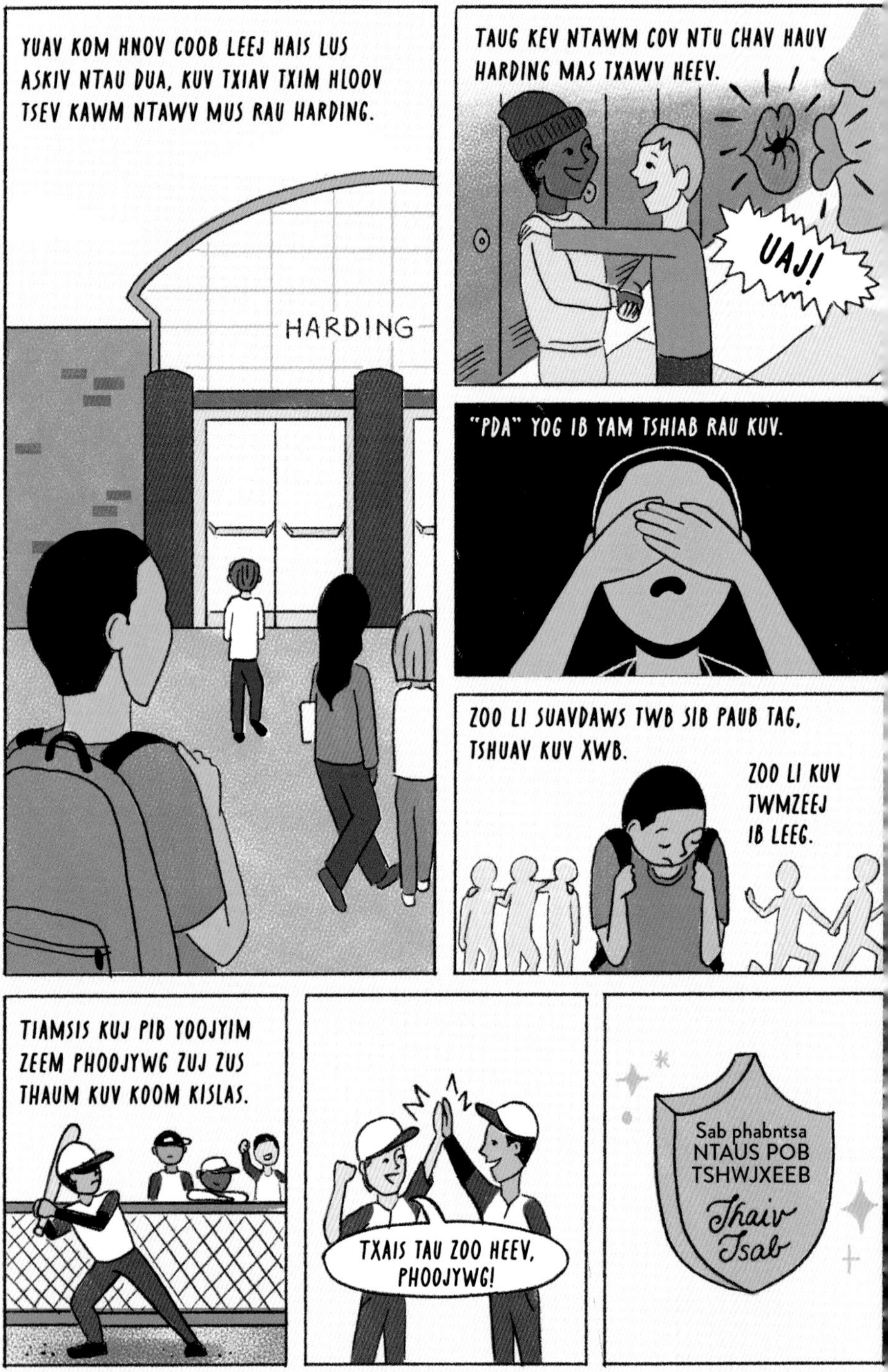
YUAV KOM HNOV COOB LEEJ HAIS LUS ASKIV NTAU DUA, KUV TXIAV TXIM HLOOV TSEV KAWM NTAWV MUS RAU HARDING.
HARDING
TAUG KEV NTAWM COV NTU CHAV HAUV HARDING MAS TXAWV HEEV.
UAJ!
"PDA" YOG IB YAM TSHIAB RAU KUV.
ZOO LI SUAVDAWS TWB SIB PAUB TAG, TSHUAV KUV XWB.
ZOO LI KUV TWMZEEJ IB LEEG.
TIAMSIS KUJ PIB YOOJYIM ZEEM PHOOJYWG ZUJ ZUS THAUM KUV KOOM KISLAS.
TXAIS TAU ZOO HEEV, PHOOJYWG!
Sab phabntsa
NTAUS POB
TSHWJXEEB
Thaiv
Tsab

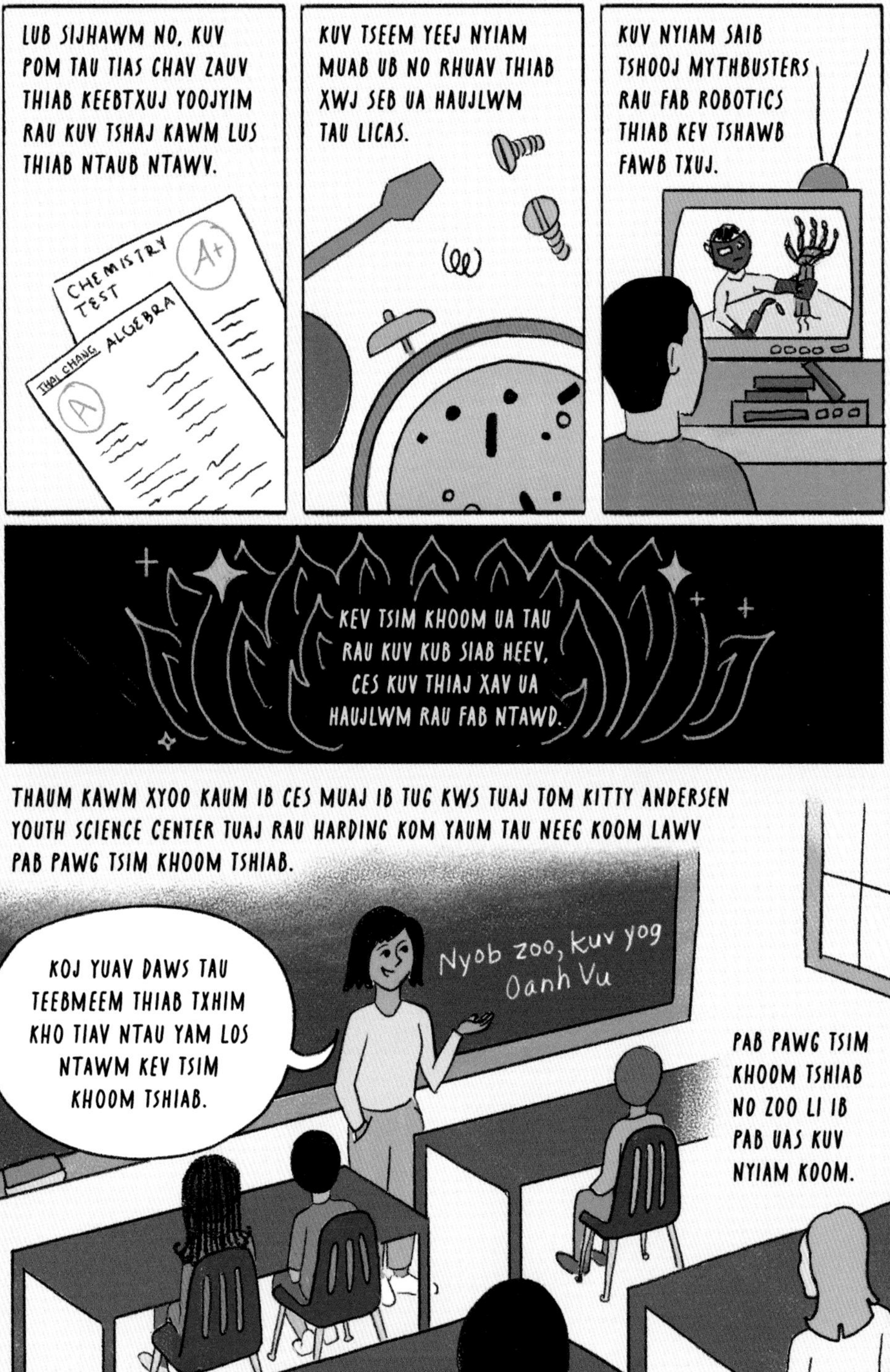
LUB SIJHAWM NO, KUV POM TAU TIAS CHAV ZAUV THIAB KEEBTXUJ YOOJYIM RAU KUV TSHAJ KAWM LUS THIAB NTAUB NTAWV.
CHEMISTRY TEST
A+
THAI CHANG
ALGEBRA
A
KUV TSEEM YEEJ NYIAM MUAB UB NO RHUAV THIAB XWJ SEB UA HAUJLWM TAU LICAS.
KUV NYIAM SAIB TSHOOJ MYTHBUSTERS RAU FAB ROBOTICS THIAB KEV TSHAWB FAWB TXUJ.
KEV TSIM KHOOM UA TAU RAU KUV KUB SIAB HEEV, CES KUV THIAJ XAV UA HAUJLWM RAU FAB NTAWD.
THAUM KAWM XYOO KAUM IB CES MUAJ IB TUG KWS TUAJ TOM KITTY ANDERSEN YOUTH SCIENCE CENTER TUAJ RAU HARDING KOM YAUM TAU NEEG KOOM LAWV PAB PAWG TSIM KHOOM TSHIAB.
Nyob zoo, kuv yog Oanh Vu
KOJ YUAV DAWS TAU TEEBMEEM THIAB TXHIM KHO TIAV NTAU YAM LOS NTAWM KEV TSIM KHOOM TSHIAB.
PAB PAWG TSIM KHOOM TSHIAB NO ZOO LI IB PAB UAS KUV NYIAM KOOM.

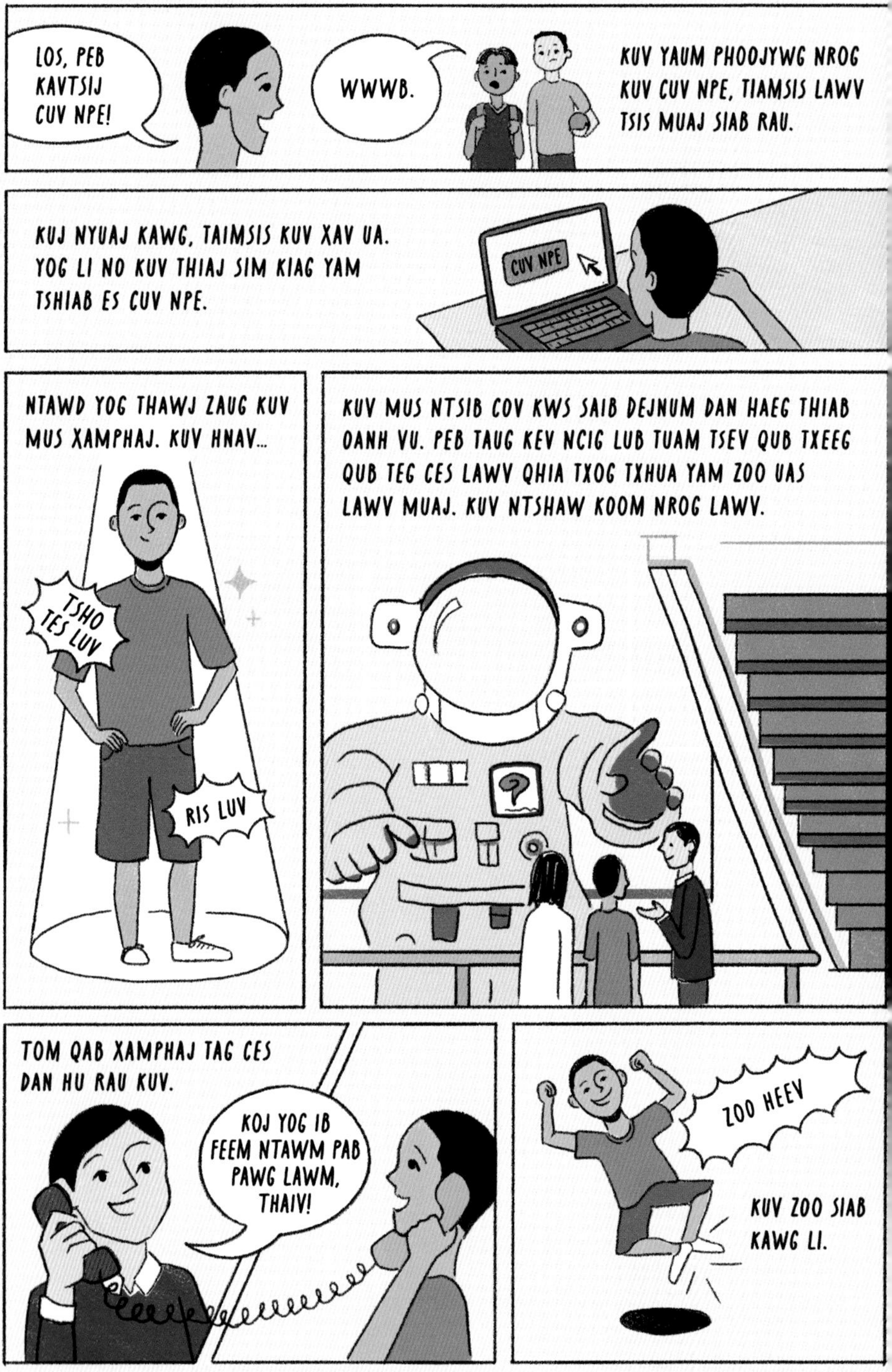
LOS, PEB KAVTSIJ CUV NPE!
WWWB.
KUV YAUM PHOOJYWG NROG KUV CUV NPE, TIAMSIS LAWV TSIS MUAJ SIAB RAU.
KUJ NYUAJ KAWG, TAIMSIS KUV XAV UA. YOG LI NO KUV THIAJ SIM KIAG YAM TSHIAB ES CUV NPE.
CUV NPE
NTAWD YOG THAWJ ZAUG KUV MUS XAMPHAJ. KUV HNAV...
TSHO TES LUV
RIS LUV
KUV MUS NTSIB COV KWS SAIB DEJNUM DAN HAEG THIAB OANH VU. PEB TAUG KEV NCIG LUB TUAM TSEV QUB TXEEG QUB TEG CES LAWV QHIA TXOG TXHUA YAM ZOO UAS LAWV MUAJ. KUV NTSHAW KOOM NROG LAWV.
TOM QAB XAMPHAJ TAG CES DAN HU RAU KUV.
KOJ YOG IB FEEM NTAWM PAB PAWG LAWM, THAIV!
ZOO HEEV
KUV ZOO SIAB KAWG LI.

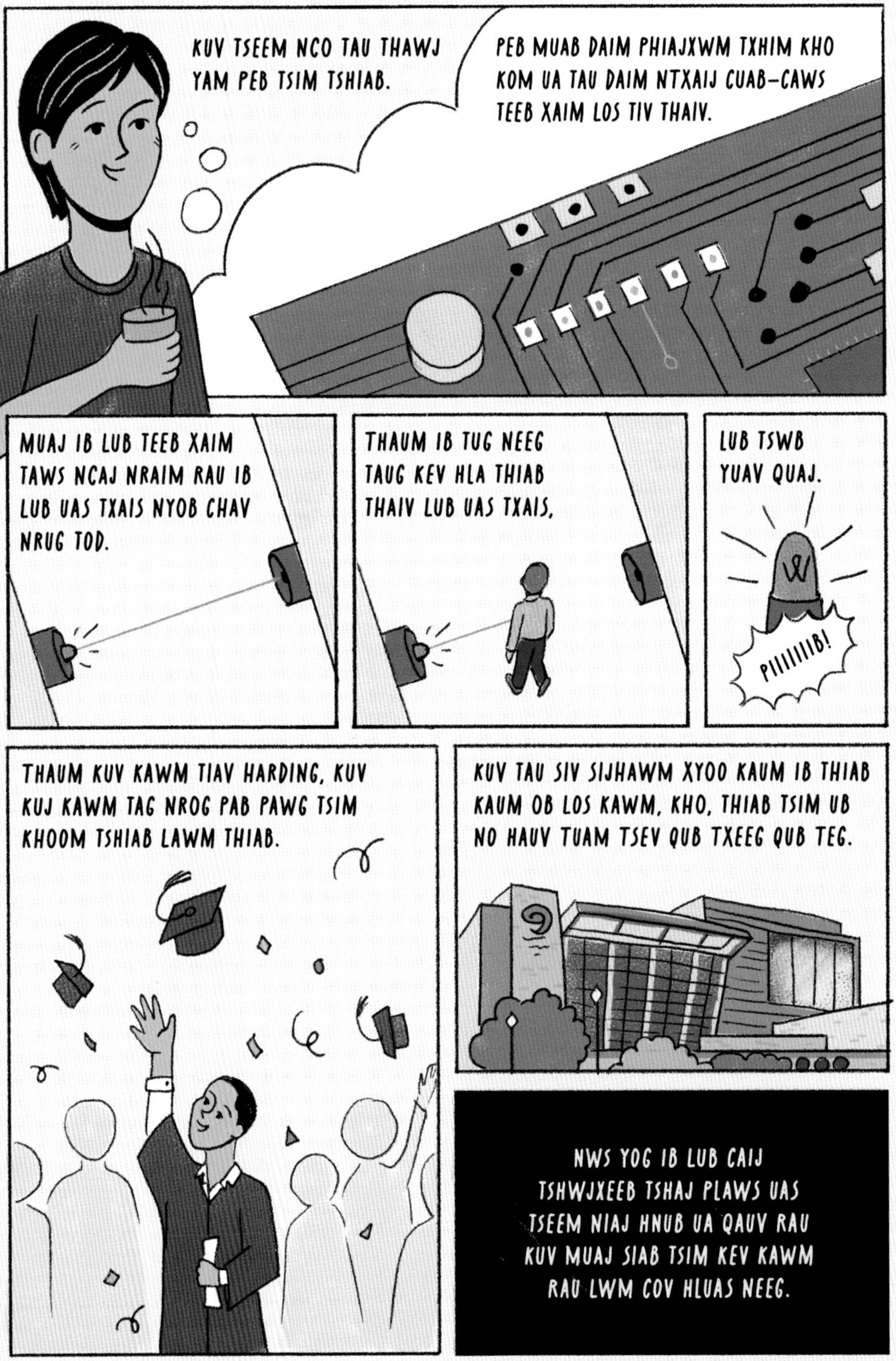
KUV TSEEM NCO TAU THAWJ YAM PEB TSIM TSHIAB.
PEB MUAB DAIM PHIAJXWM TXHIM KHO KOM UA TAU DAIM NTXAIJ CUAB-CAWS TEEB XAIM LOS TIV THAIV.
MUAJ IB LUB TEEB XAIM TAWS NCAJ NRAIM RAU IB LUB UAS TXAIS NYOB CHAV NRUG TOD.
THAUM IB TUG NEEG TAUG KEV HLA THIAB THAIV LUB UAS TXAIS,
LUB TSWB YUAV QUAJ.
PIIIIIIIB!
THAUM KUV KAWM TIAV HARDING, KUV KUJ KAWM TAG NROG PAB PAWG TSIM KHOOM TSHIAB LAWM THIAB.
KUV TAU SIV SIJHAWM XYOO KAUM IB THIAB KAUM OB LOS KAWM, KHO, THIAB TSIM UB NO HAUV TUAM TSEV QUB TXEEG QUB TEG.
NWS YOG IB LUB CAIJ TSHWJXEEB TSHAJ PLAWS UAS TSEEM NIAJ HNUB UA QAUV RAU KUV MUAJ SIAB TSIM KEV KAWM RAU LWM COV HLUAS NEEG.

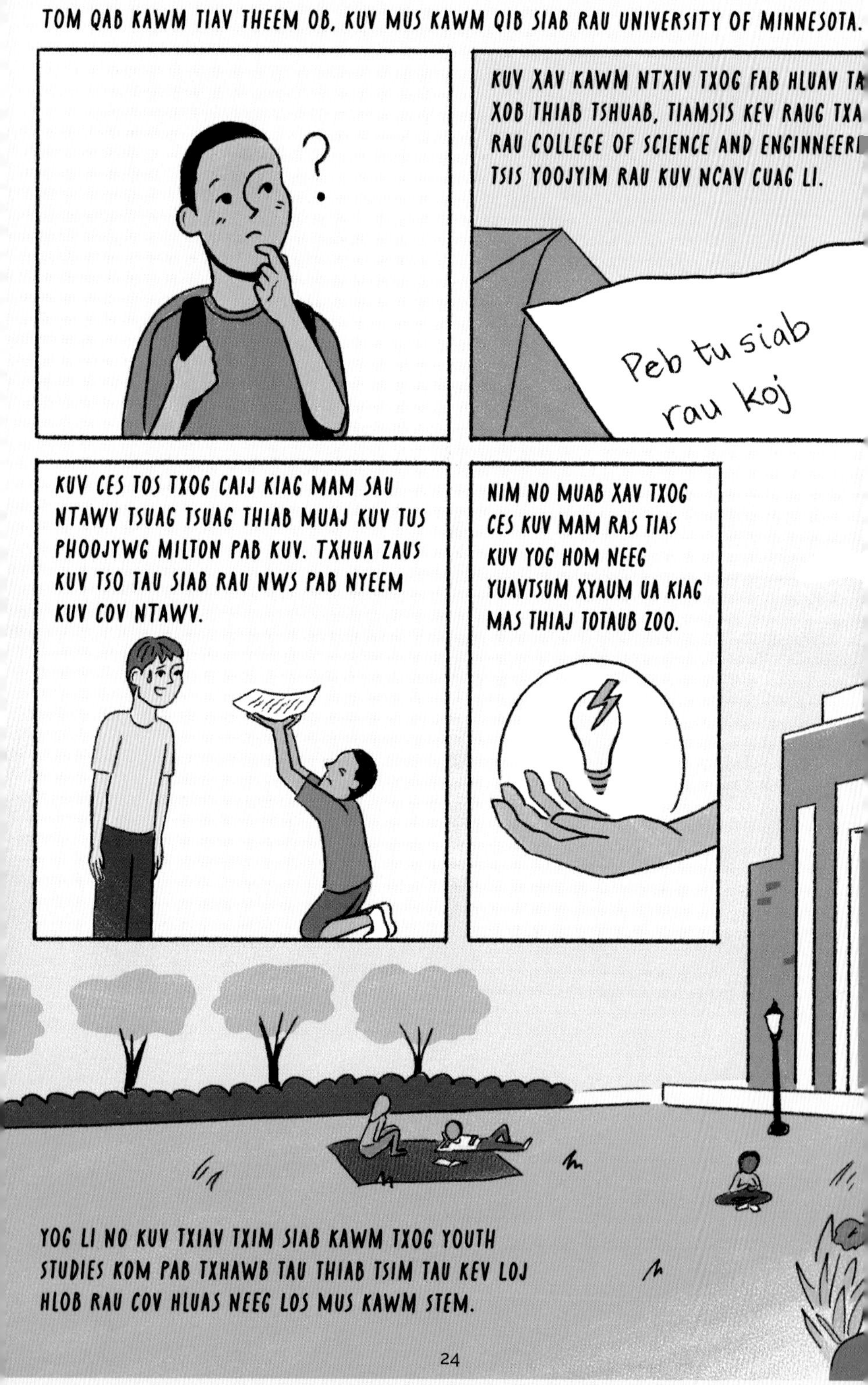
TOM QAB KAWM TIAV THEEM OB, KUV MUS KAWM QIB SIAB RAU UNIVERSITY OF MINNESOTA.
KUV XAV KAWM NTXIV TXOG FAB HLUAV TA
XOB THIAB TSHUAB, TIAMSIS KEV RAUG TXA
RAU COLLEGE OF SCIENCE AND ENGINNEERI
TSIS YOOJYIM RAU KUV NCAV CUAG LI.
Peb tu siab rau koj
KUV CES TOS TXOG CAIJ KIAG MAM SAU NTAWV TSUAG TSUAG THIAB MUAJ KUV TUS PHOOJYWG MILTON PAB KUV. TXHUA ZAUS KUV TSO TAU SIAB RAU NWS PAB NYEEM KUV COV NTAWV.
NIM NO MUAB XAV TXOG CES KUV MAM RAS TIAS KUV YOG HOM NEEG YUAVTSUM XYAUM UA KIAG MAS THIAJ TOTAUB ZOO.
YOG LI NO KUV TXIAV TXIM SIAB KAWM TXOG YOUTH STUDIES KOM PAB TXHAWB TAU THIAB TSIM TAU KEV LOJ HLOB RAU COV HLUAS NEEG LOS MUS KAWM STEM.

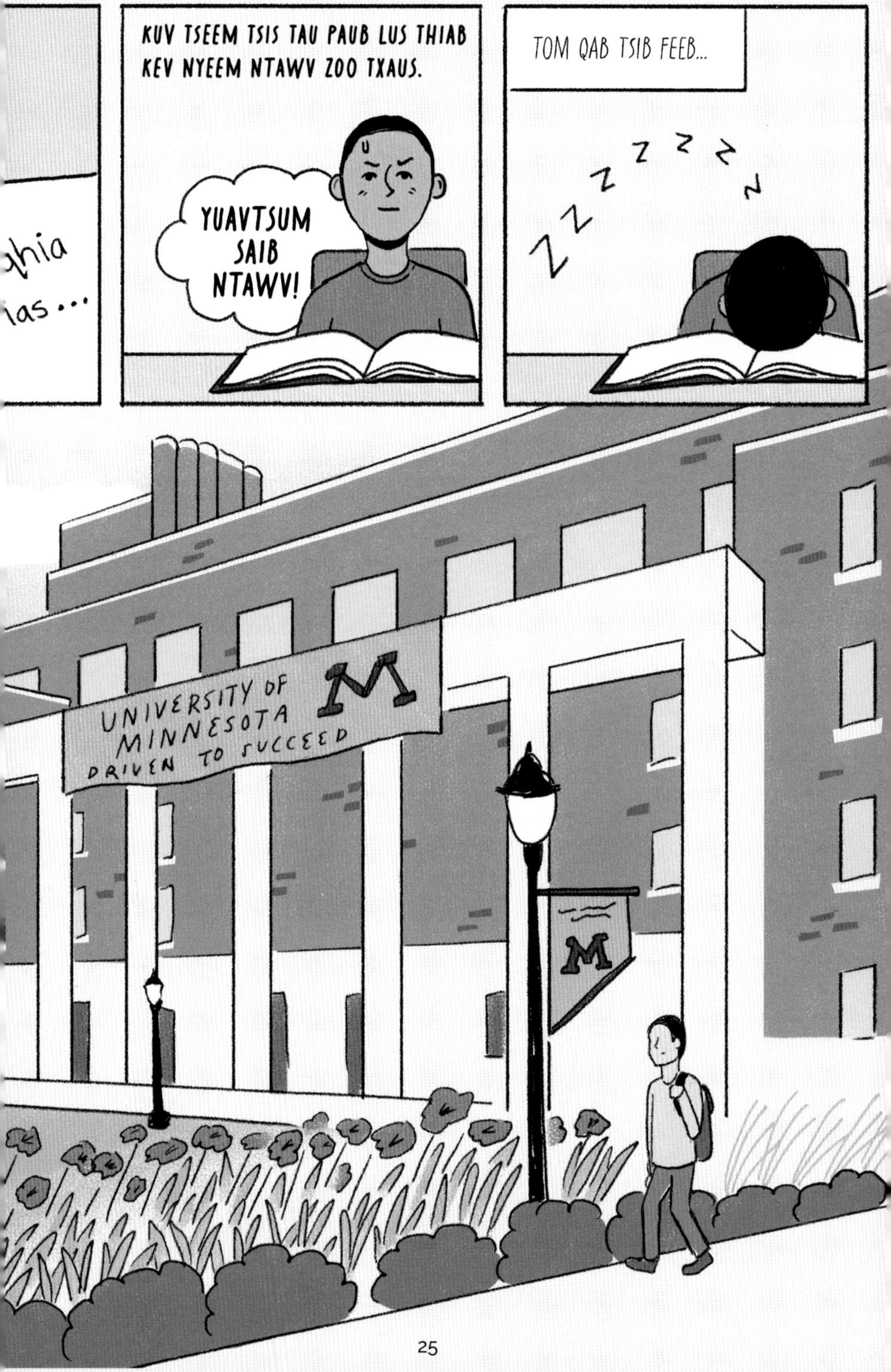
KUV TSEEM TSIS TAU PAUB LUS THIAB KEV NYEEM NTAWV ZOO TXAUS.
YUAVTSUM SAIB NTAWV!
TOM QAB TSIB FEEB...
ZZZZZZZZ
UNIVERSITY OF MINNESOTA DRIVEN TO SUCCEED
M
M

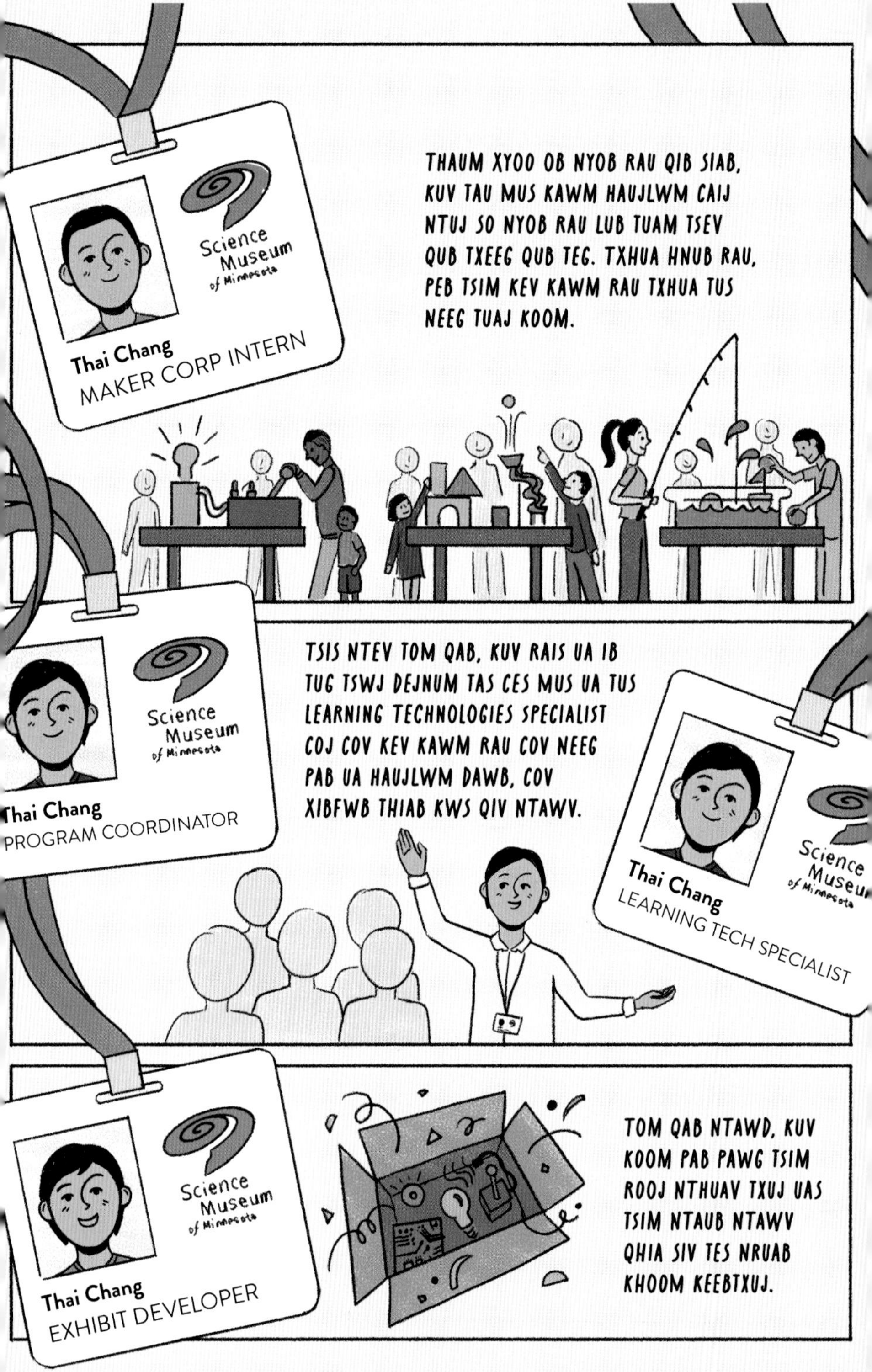
Science Museum of Minnesota
Thai Chang
MAKER CORP INTERN
THAUM XYOO OB NYOB RAU QIB SIAB, KUV TAU MUS KAWM HAUJLWM CAIJ NTUJ SO NYOB RAU LUB TUAM TSEV QUB TXEEG QUB TEG. TXHUA HNUB RAU, PEB TSIM KEV KAWM RAU TXHUA TUS NEEG TUAJ KOOM.
Science Museum of Minnesota
Thai Chang
PROGRAM COORDINATOR
TSIS NTEV TOM QAB, KUV RAIS UA IB TUG TSWJ DEJNUM TAS CES MUS UA TUS LEARNING TECHNOLOGIES SPECIALIST COJ COV KEV KAWM RAU COV NEEG PAB UA HAUJLWM DAWB, COV XIBFWB THIAB KWS QIV NTAWV.
Science Museum of Minnesota
Thai Chang
LEARNING TECH SPECIALIST
Science Museum of Minnesota
Thai Chang
EXHIBIT DEVELOPER
TOM QAB NTAWD, KUV KOOM PAB PAWG TSIM ROOJ NTHUAV TXUJ UAS TSIM NTAUB NTAWV QHIA SIV TES NRUAB KHOOM KEEBTXUJ.

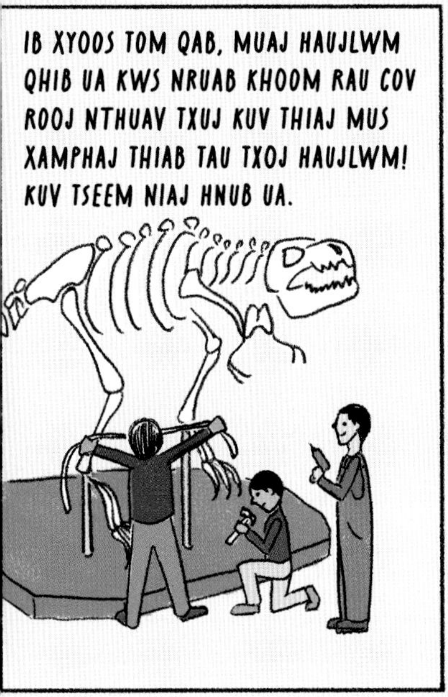
IB XYOOS TOM QAB, MUAJ HAUJLWM QHIB UA KWS NRUAB KHOOM RAU COV ROOJ NTHUAV TXUJ KUV THIAJ MUS XAMPHAJ THIAB TAU TXOJ HAUJLWM! KUV TSEEM NIAJ HNUB UA.

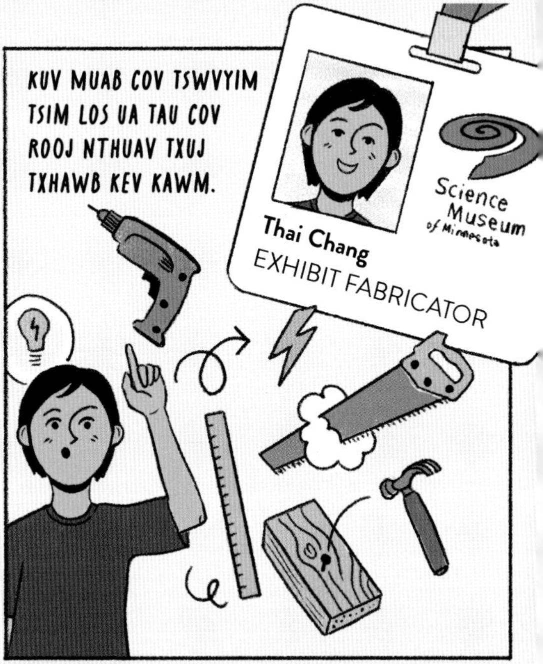
KUV MUAB COV TSWVYIM TSIM LOS UA TAU COV ROOJ NTHUAV TXUJ TXHAWB KEV KAWM.
Science Museum of Minnesota
Thai Chang
EXHIBIT FABRICATOR

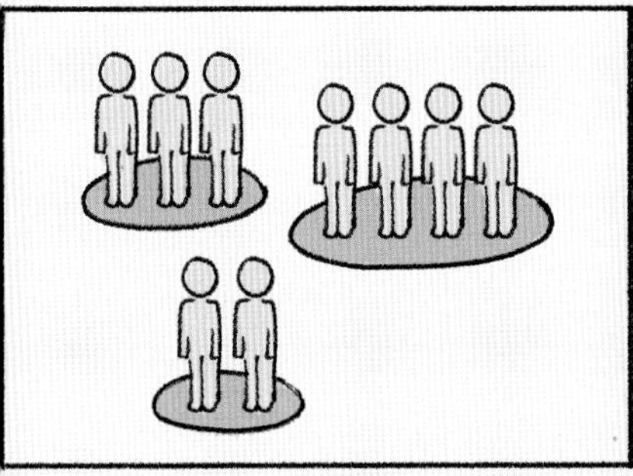

TXHUA TXOJ HAUJLWM THIAB KEV UA DHAU LOS YEEJ YOG KOOM NROG NTAU PAB PAWG UAS TSHWJXEEB.

LUB TUAM TSEV QUB TXEEG QUB TEG YOG IB LUB TUAM TXUJ LOJ HEEV TIAMSIS ZOO LI IB LUB ZEJZOG ME ME. KUV NYIAM UA HAUJLWM RAU LUB SCIENCE MUSEUM VIM COV NEEG THIAB LUB ZEEM MUAG ZOO.

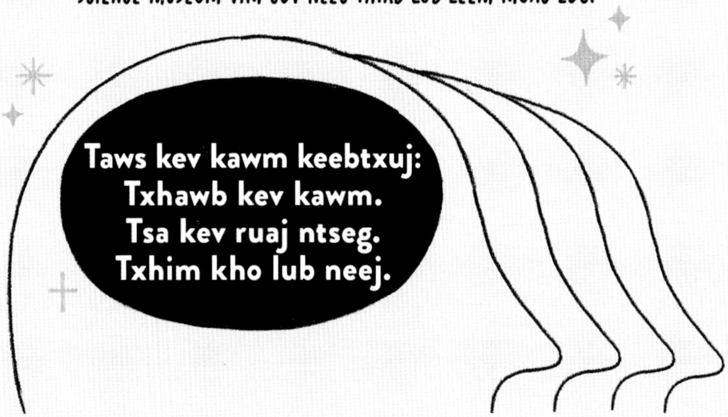
Taws kev kawm keebtxuj:
Txhawb kev kawm.
Tsa kev ruaj ntseg.
Txhim kho lub neej.

TXAWM TWB DHAU KAUM TAWM XYOO LAWM LOS TSEEM ZOO LI NPAU SUAV YOG TIAS XAV TXOG

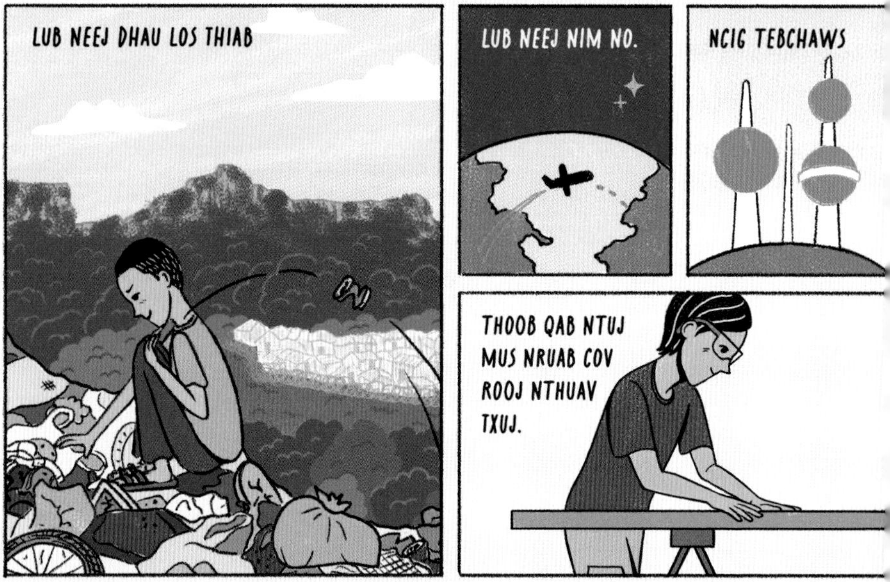
LUB NEEJ DHAU LOS THIAB
LUB NEEJ NIM NO.
NCIG TEBCHAWS
THOOB QAB NTUJ MUS NRUAB COV ROOJ NTHUAV TXUJ.

LUB VAV TAU YOG IB QHO CHAW ZOO KHIAV UASI,
TIAMSIS TSIS MUAJ KEV VAM THIAB KEV NPAU SUAV.

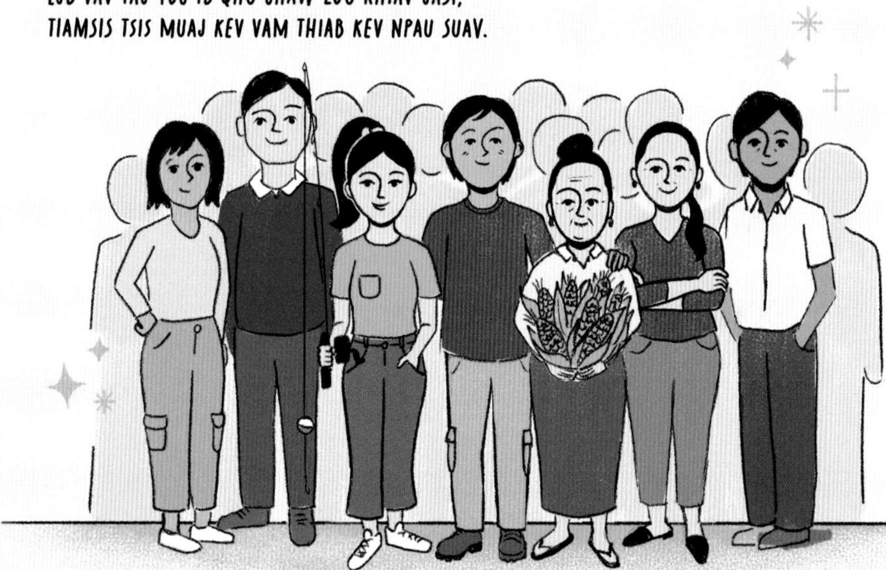

KUV ZOO SIAB TIAS KUV LUB NEEJ LOS TXOG HNUB NO
THIAB MUAJ KEV UA TSAUG RAU TXHUA TUS UAS TAU PAB
KUV TAUG ZOJ ZIM LOS TXOG KUV LUB TEEB CI.

COV LUS NUG UAS YUAV SIV LOS SIB THAM

KEV TOTAUB ZAJ DABNEEG...

Xav Sab Hauv
1. Thaiv yug nyob rau qhov twg? Nws yog hom neeg twg?
2. Tej yam uas ua rau nws tsev neeg tau nyob hauv lub yeej thojnam yog dabtsi?
3. Tej yam uas nyuab rau Thaiv tom qab nws tuaj txog Tebchaws Meskas yog dabtsi?

Xav Sab Nraud
1. Piv yam sib xws thiab sib txawv ntawm lub neej nyob rau hauv yeej thojnam tim Tebchaws Thaib rau lub neej hauv Misnixaustas. Sib xws licas? Sib txawv licas?
2. Thaiv ua licas thiaj li tawm tau mus sim tej yam nws ib txwm tsis swm ua dhau los thiab koom tau yam uas haum raws nws txoj kev kub siab tshaj?
3. Thaiv yuav tau rhais ruam licas thiaj li ua tau kom nws txoj kev npau suav dhau mus ua qhov tseeb?
4. Koj xav hais dabtsi yuav tshwmsim tom ntej rau Thaiv lub neej? Vim licas koj xav li ntawd?
5. Yog koj tau ntsib Thaiv, koj yuav nug nws dabtsi?

Xav Txog
1. Xav txog lub npe ntawm zaj dabneeg, "Nrij Nrij Nrawj Nrawj Txog Kuv Lub Teeb Ci." Dabtsi yog nws lub teeb uas ci, thiab Thaiv muab pub pab rau lwm tus tau licas?
2. Ib tug xeebceem uas Thaiv coj yog licas? Siv cov lus hauv zauj dabneeg los txhawb yam uas koj xav txog.

...TXUAS KOJ LI.

1. Qhia txog ib tug neeg koj paub uas nyiam fab keebtxuj heev, nyiam muab khoom qhib saib thiab rhuav.
2. Qhia txog ib lub sijhawm koj tau mus sim tej yam tshiab uas tsis tau swm dhau los thiab tau sim ua qhov tshiab. Vim licas koj ho xav sim? Ua rau koj kawm tau dabtsi txog koj tus kheej?
3. Thaiv lub neej thaum tseem yau zoo xws licas lossis txawv licas rau koj lub?

Lwm kawm ntxiv txog *Story Stitch* ntawm www.storystitch.org

COV NTSIAB LUS TSEEM CEEB

Kev Tsiv Tebchaws

Kev tsiv tebchaws yog thaum ib tug neeg lossis pab pawg neeg tsiv ib lub tebchaws rau lwm lub, lwm thaj chaw, lwm lub vaj tse, mus nyob rau ib qhov chaw tshiab. Tej thaum tib neeg tsiv vim lawv muaj kev cia siab tias lawv yuav tau lub neej zoo tshaj qub, lossis kom khiav tau deb ntawm tej yaam phomsij loj thiab kev kub ntxhov. Cov neeg tuaj tshiab feem coob yeej tseem muaj kev nyuaj siab ntawm lub tebchaws tshiab ntawd tiamsis lawv kuj muaj kev vam meej thiab.

Pivtxwv: Thaum txog caij tu nra, txoj kev txiav txim yuav nqa dabtsi thiab tso dabtsi mas nyuab heev. Lawv tsuas ntim kiag yam uas haum lawv cov hnab xwb (saib phab 12).

Cov Yeej Thojnam Tawg Rog

Cov yeej thojnam tawg rog yog tej cov chaw tsim los nyob ib ntus rau lub sijhawm yuavtsum muaj chaw tiv thaiv tamsim ntawd thiab muaj kev pab rau cov tib neeg uas raug yuam tsiv tawm ntawm lawv tej vajtse vim muaj kev tsov rog, kev sib tua lossis kev phomsij. Cov chaw no tsis yog tsim los nyob ntev, tsuas yog tsim los npaj chaw nyabxeeb rau cov neeg thojnam nyob thiab kom pab tau yam lawv yuavtsum muaj xws li zaub mov, dej, vajtse, kev kho mob thiaab lwm yam kev pab rau lub sijhawm phomsij.

Pivtxwv: Thaum tseem yog menyuam yaus, saib mas lub vav muaj ntau yam lomzem thiab kev uasi, cov chaw teev hawm ces yeej yog lawv tej chaw khiav uasi (saib phab 6).

Kev Tsiv Rau Chaw Tshiab (tom qab tsiv tebchaws)

Hais txog lub ntiaj teb, txoj kev uas xaiv thiab tsiv cov neeg thojnam ntawm lub tebchaws uas lawv nrhiav kev tiv thaiv tawm mus rau lwm lub tebchaws uas pom zoo tso cai rau lawv los nyob ua neeg thojnam uas muaj ntaub ntawv tso cai nyob mus.

Pivtxwv: Thaum Thaiv tsis totaub ib los lus Askiv ntawm cov lus uas nws tus ntxais thiab tus ntug cov phoojywg Meskas hais kiag li, nws txhawj tias nws yuav ua licas thiaj kawm tau lus Askiv (saib phab 14).

Kev Tshawbfawb Keebtxuj

Kev Tshawbfawb keebtxuj yog thaum tib neeg siv tej povthawj uas muaj los ntawm kev ntshuam xyuas thiab kev tshawb nrhiav kom tsim tau kev totaub zoo txog thiab tsim tau lus teb cov lus nug.

Pivtxwv: Thaiv xawb tau tej lub thev qub uas piamsij lawm, muab lub tshuab thev thau tawm thiab ces muab nruab roj teeb kom pom kiv mus kiv los. Nws tsis totaub thiab tsis paub vim licas ho kiv tau, tiamsis ua rau nws txoj kev xav pib cig tuaj (saib phab 7).

COV LUS YUAV TSUM PAUB

Hmoob: Ib haiv neeg uas tsis muaj ib lub tebchaws ntiag tug thiab ib txwm nyob rau roob yajsab ntawm Tebchaws Suav, Nyablaj, Lostsuas, thiab Thaib Teb uas lawv muaj lawv kab lis kev cai, lus, thiab keebkwm.

Ntsug Tsov Rog Zais Npog: Kuj muaj npe tias Tsov Rog Nyablaj Teb, uas yog thaum cov tib neeg Hmoob raug ntiav los ntawm tseemfwv Meskas los pab tiv thaiv communism nyob rau lub Tebchaws Lostsuas.

STEM: Txhais li Keebtxuj, Thev Naus Laus Zis, Kev Tsim Tsa Vaj Tse, thiab Lej.

Hom Neeg Xyaum Ua Kiag: Tus tib neeg uas kawm tau zoo los ntawm kev kov kiag lossis ua kiag, feem ntau muab hu ua hom kev kawm "siv tes ua".

Kws Nrij Nrawj: (lus khoom) Ib tug neeg uas kho tej yam tshuab me, tshwjxeeb li tias yog cov hom tshuab thiab twj, feem ntau yog siv rau vajtse; (lus ua) Sam sim kho ib yam khoom.

LWM COV NTAUB NTAWV QHIA NTXIV

"Wat Tham Krabok." *Wikipedia*, May 2024, https://en.wikipedia.org/wiki/Wat_Tham_Krabok

"Hmong People Facts for Kids." *Kiddle Kpedia*, May 2024, https://bit.ly/kids-kiddle-hmong-people

UA TSAUG

Peb muaj kev ua tsaug ntau rau peb cov neeg haujlwm ntawm Green Card Voices, pab pawg tswj, cov ua dejnum dawb, cov txhawb nyiaj txiag, thiab coob leej uas tau txhawb nqa GCV thoob plaws lub tebchaws. Peb muaj kev ua tsaug rau kws txhais lus Npib Vaj-Muas, kws saib kho ntawv John Medeiros, thiab Nicole Montana nrog rau Kathy Seipp uas yog kws sau txheej ntaub ntawv kawm, thiab Paj Hlub Xyooj uas tau pab nyeem saib. Muaj lus ua tsaug tshwjxeeb rau cov kws tau pab nyiaj txiag no: Metropolitan Regional Arts Council (MRAC), Marbrook Foundation, thiab rau Minnesota Humanities Center. Xaus no, Thaiv xav muaj lus ua tsaug rau Dan Haeg, Oanh Vu, Keith Braafladt, Dave Bailey, Dan Dahm, Mark Anderson, Ben Meir, Mark Hegnauer, Kate Swanson, thiab Aaron Schmoll rau lawv txoj kev ua zoo qauv tshwjxeeb; rau lub Science Museum of Minnesota uas tau muab zim txwv zoo rau nws tau kawm thiab qhia tawm txog nws txoj kev kub siab txog fab keebtxuj pub rau lwm tus paub; thiab rau Milton thiab Asha nkawd ob txoj kev phoojywg zoo tshaj. Thaiv kuj xav muab dej siab lus qhuas txog nws leej niam uas muaj siab hlub thiab tau tiv ntau yam dhau los, rau nws cov nusmuag uas txhawb nqa, nws tus pojniam Nkauj Huab, vim nws muaj txoj kev hlub thiab kev txhawb.

HAIS TXOG GREEN CARD VOICES

Pib xyoo 2013, Green Card Voices (GCV) yog ib lub koomhaum uas siv kev qhia dabneeg los nthuav tawm txog tib neeg tej keebkwm ntawm Tebchaws Meskas cov neeg tuaj nyob tshiab, kom muaj kev totaub zoo duab qub rau cov neeg tuaj tshiab thiab lawv tej zejzog lawv nyob. Peb kev siv yeebyam duab, ntaub ntawv nyeem, cov kev nthuav tawm rau txawv zos, cov lus kaawm mloog, thiab Story Stitch kev sib tham pab tau tib neeg ntawm ntau hom neeg kom kawm thiab paub tau ntau yam tshwjxeeb piav los ntawm cov neeg tuaj tshiab hais txog lawv cov neej, kom muaj kev zoo siab txhawb dab zog rau kev tsiv teb tsaws chaw tuaj rau Tebchaws Meskas no.

Green Card Voices yog ib lub tswvyim uas chiv tawm ntawm txoj kev xav txog tias tej keebkwm muaj txog cov neeg tuaj tshiab no yuavtsum muab coj los qhia tawm ua ib txoj kev uas raws qhov tseeb rau txhua tus neeg ntawd zaj dabneeg. Peb npaj siab yuav ua daim iav los tsom tshiab rau cov tib neeg koom txuas lus txog kev tsiv teb tsaws chaw thiab ua tus choj tuam txuas cov neeg tuaj tshiab thiab cov ib txwm nyob - cov neeg tuaj thiab cov neeg tos txais - uas nyob thoob lub tebchaws. Peb ua tau li no los yog vim siv txoj kev nthuav tawm txog cov dabneeg ntiag tug ntawm cov neeg tuaj tshiab uas tsis yog yug rau Tebchaws Mekas thiaab pab kom lwm tus pom txog tias "tej pawg neeg tuaj tshiab coob coob" yog tib neeg uas muaj keebkwm zoo mloog txog lawv tsev neeg, kev khwv, thiab ntau hom kab lis kev cai.

Nim no, pab pawg GCV tau kawm cov dabneeg txog lub neej tau coob tshaj tsib puas leej neeg tuaj tshiab lawm uaas yog tuaj tshaj ib puas plaub caug lub tebchaws sib txawv. Tag nrog cov neeg tuaj tshiab uas txiav txim nthuav lawv zaj dabneeg rau peb yog los ntawm kev teb rau kab lus nug dav dav thiab rau caw los pub lawv cov duab ntawm lub neej nyob lwm lub tebchaws lawv yug rau thiab cov duab nyob Tebchaws Meskas. Tom qab ntawd, lawv cov lus mam li raug kho kom tsim tau yeebyam duab ntev li tsib feeb uas muaj dabneeg zoo mloog, muaj duab ntiag tug, thiab muaj nkauj. Cov yeebyam no muaj nyob rau www.GreenCardVoices.org thiab YouTube (pub dawb thiab tsis qhauj lwm yam).

Ntaub ntawv tiv tauj:

Green Card Voices
2611 1st Ave S.
Minneapolis, MN 5540

612.889.7635
info@greencardvoices.org

"Thai Chang's story is a reminder of the incredible trajectory of a single life; once a refugee boy playing among trash in a makeshift camp in a Buddhist temple in Thailand, Chang becomes a program exhibitor for the Science Museum of MN. Illustrator Khou Vue's artistry facilitates the unfolding of a narrative that is direct and compelling."
— Kao Kalia Yang, award-winning author of *The Latehomecomer*, *The Song Poet*, *Somewhere in the Unknown World*, and *Where Rivers Part*

"Excellent choice of genre to amplify the simplicity of how powerful storytelling is in the first person, resonating to learners at all levels in a student-centered fashion that their stories matter."
— Be Vang, LEAP High School Principal, former Saint Paul Public Schools Educator

"What an amazing book about resiliency, opportunity, and triumph. I highly recommend the book for teachers, young readers, and for those with interest in understanding the challenges faced by our newest Americans, the Hmong!"
— Lee Pao Xiong, Director of the Center for Hmong Studies at Concordia University

"[...] a beautiful self-reflection and personal narrative that lovingly illustrates universal themes: coming of age, family, community, creativity, and finding and following one's personal passions and interests."
— Joanne Jones-Rizzi, Vice President of Science Equity and Education Science Museum of MN

"Thai's personal curiosity and fascination during his time in the refugee camp helped him to pursue his dream in America. This story [...] powerfully promotes the need for individuals from marginalized and impoverished backgrounds to share their narratives and experiences."
— See Yee Yang, Hmong Language and Social Studies Teacher, Washington Technology Magnet High School; author of *Hide and Seek*; co-author of *Mindy and the Bear*, and *The Frog and The Fly*

"Thai's journey inspires us not only to pursue our own dreams but also to support others in achieving theirs. His story is a beautiful journey of perseverance and success. In a time when more refugee role models in the STEM field are needed, Thai stands out as an inspiring example for many."
— May yer Thao, President and CEO, Hmong American Partnership and Hmong National Development

By buying this book, you are directly supporting the mission of Green Card Voices.

Hardcover ISBN 13: 978-1-732790-69-8
Ebook ISBN 13: 978-1-949523-27-0
LCCN: 2024901354

Printed in the United States of America
First Printing: 2024
20   19   18   17   16   5   4   3   2   1

Author: Thai Chang
Illustration by Khou Vue
Design by Shiney Chi-la Her
Translation by Bee Vang-Moua

Green Card Voices
2611 1st Avenue South
Minneapolis, MN 55408
www.greencardvoices.org

Consortium Book Sales & Distribution
34 Thirteenth Avenue NE, Suite 101
Minneapolis, MN 55413-1007
www.cbsd.com

OUR STORIES CARRIED US HERE: TINKERING TOWARDS MY SPARK

Thai Chang

AUTHOR

Khou Vue

ILLUSTRATOR

THAI CHANG

**Born: Wat Tham Krabok,
a refugee camp in Thailand
Current: St. Paul, Minnesota**

Thai Chang grew up in Wat Tham Krabok, a refugee camp in Thailand, finding joy in its temples and mountains but limited in pursuing dreams. His family resettled to the United States in 2004 to reunite with his sister. He graduated from the University of Minnesota with a bachelor's degree in Youth Studies, with a goal to help create and shape STEM opportunities for other youth in his community. While in college, he became an intern at the Science Museum of Minnesota and has since moved through an assortment of positions helping to make science more accessible and approachable for the youth of tomorrow. In 2020 his story was published in *Green Card STEM Voices: Stories from Minnesota Immigrants working in Science, Technology, Engineering and Math*. He is dedicated to crafting engaging experiences that spark individual curiosity in science and technology.

www.greencardvoices.org/speakers/thai-chang

KHOU VUE

**Born: Akron, Ohio
Current: Minneapolis, Minnesota**

Khou Vue is a second-generation Hmong American graphic designer and illustrator based in St. Paul, Minnesota. After spending a decade working as a graphic designer, she followed her heart to pursue freelance illustration. In her work she strives to portray themes of femininity, cultural empowerment, and social awareness. Her first picture book, *Caged*, with author Kao Kalia Yang was released in May 2024. In her spare time, Khou loves traveling the world with her two children and husband. She also loves trying out every bakery/ice cream shop she comes across and scoping out the children's section of bookstores.

www.koovoo.me

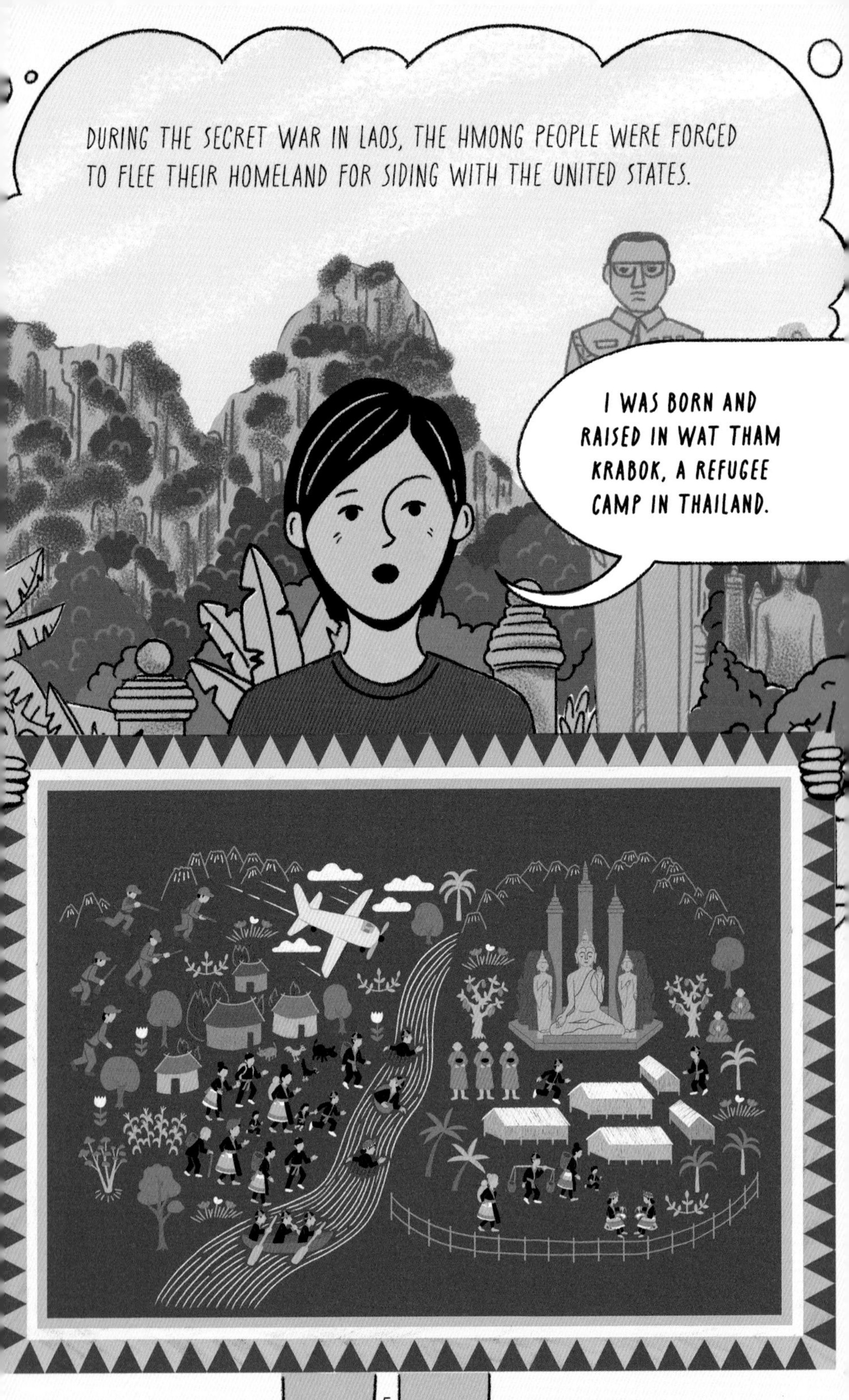
DURING THE SECRET WAR IN LAOS, THE HMONG PEOPLE WERE FORCED TO FLEE THEIR HOMELAND FOR SIDING WITH THE UNITED STATES.
I WAS BORN AND RAISED IN WAT THAM KRABOK, A REFUGEE CAMP IN THAILAND.

WAT THAM KRABOK IS A BUDDHIST TEMPLE. IN THE 1990S, THE MONKS OFFERED PART OF THEIR LAND TO THE FLEEING HMONG AS A SHELTER.

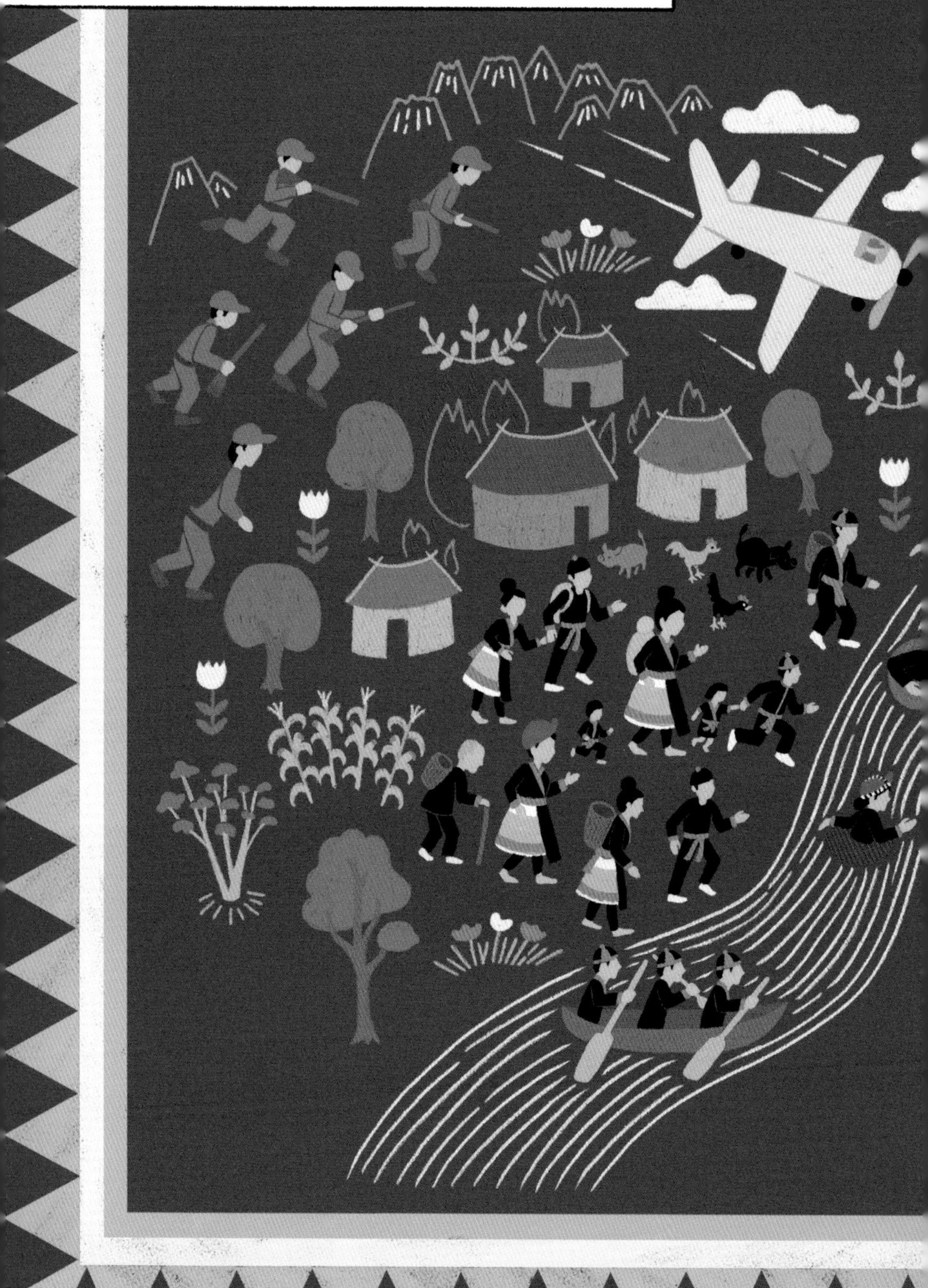

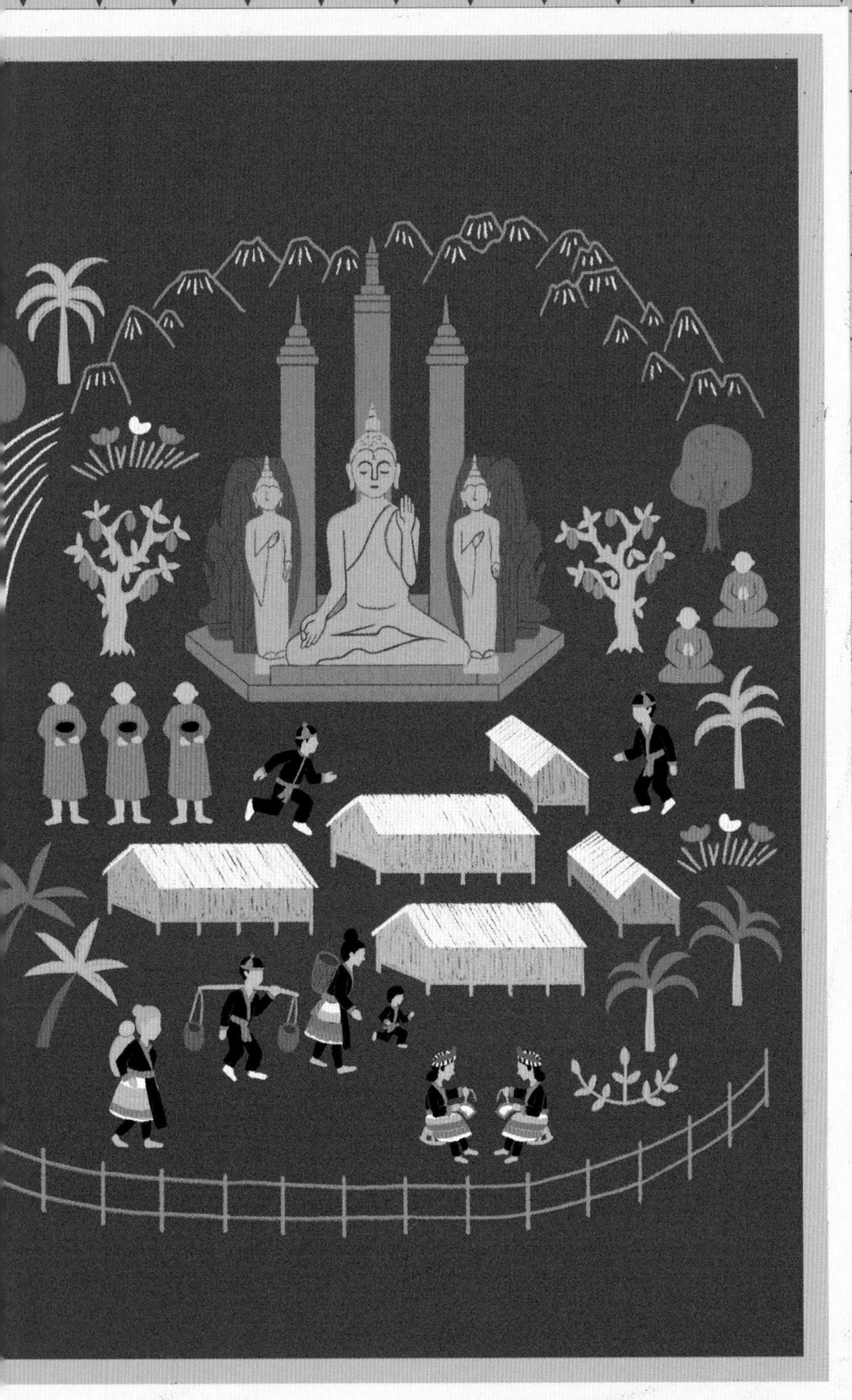

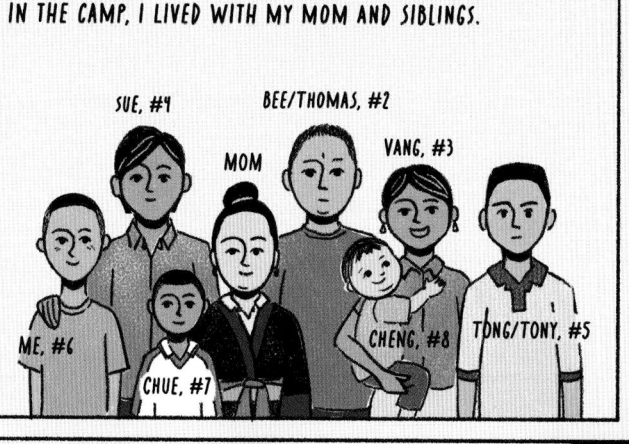

IN THE CAMP, I LIVED WITH MY MOM AND SIBLINGS.

SUE, #4

BEE/THOMAS, #2

MOM

VANG, #3

ME, #6

CHUE, #7

CHENG, #8

TONG/TONY, #5

DER, #1, MARRIED AND MOVED TO THE UNITED STATES IN THE EARLY 90'S.

MY MOM WORKED HARD TO PROVIDE FOR MY FAMILY.

SHE MADE TRADITIONAL HMONG CLOTHES WORN TO CELEBRATE THE NEW YEAR.

MOM SENT THE CLOTHES TO DER TO SELL IN THE UNITED STATES, AND DER WOULD SEND US MONEY BACK.

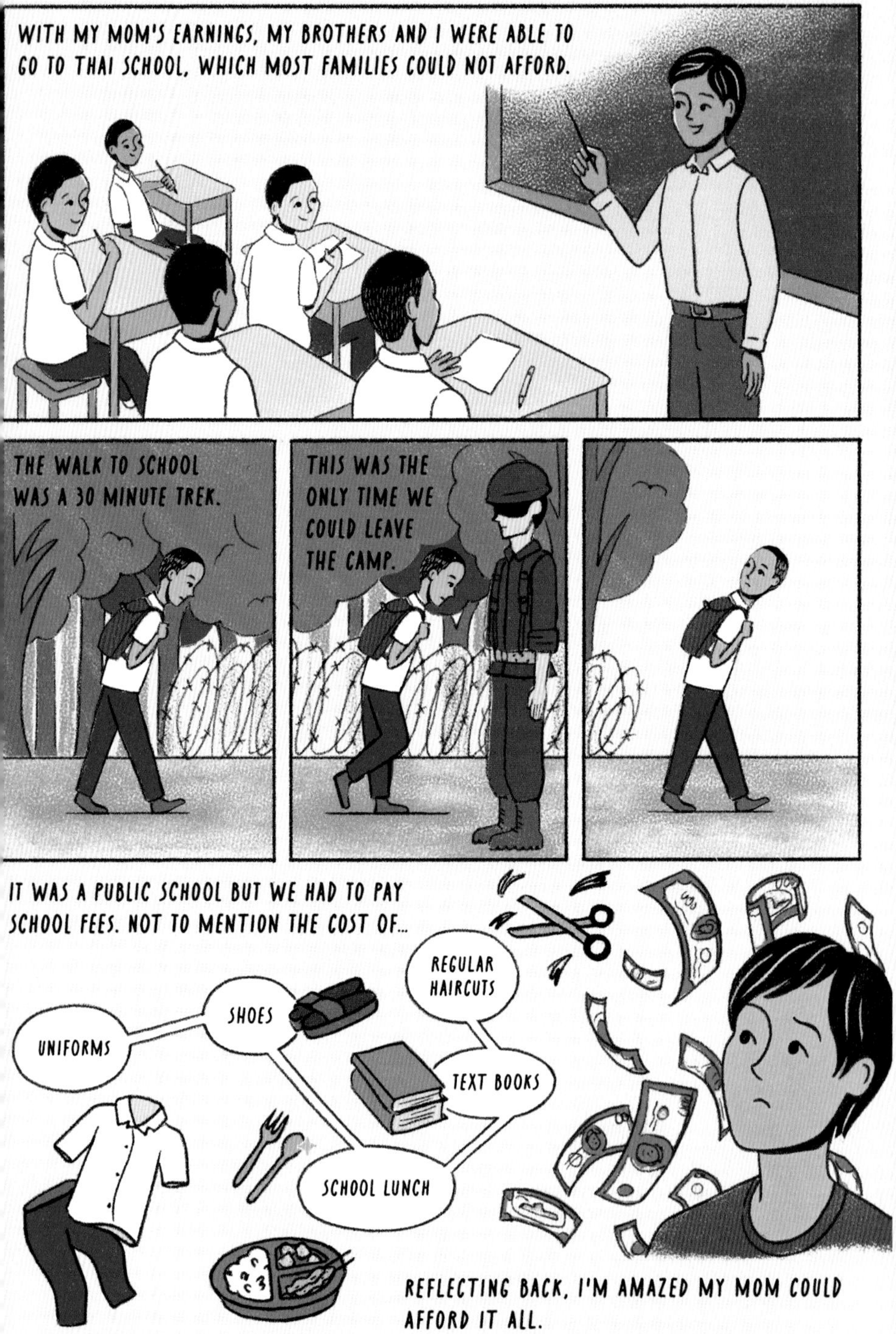
WITH MY MOM'S EARNINGS, MY BROTHERS AND I WERE ABLE TO GO TO THAI SCHOOL, WHICH MOST FAMILIES COULD NOT AFFORD.
THE WALK TO SCHOOL WAS A 30 MINUTE TREK.
THIS WAS THE ONLY TIME WE COULD LEAVE THE CAMP.
IT WAS A PUBLIC SCHOOL BUT WE HAD TO PAY SCHOOL FEES. NOT TO MENTION THE COST OF...
UNIFORMS
SHOES
REGULAR HAIRCUTS
TEXT BOOKS
SCHOOL LUNCH
REFLECTING BACK, I'M AMAZED MY MOM COULD AFFORD IT ALL.

FROM A CHILD'S PERSPECTIVE, THE CAMP WAS FULL OF EXCITING EXPERIENCES AND ENDLESS ADVENTURES. THE TEMPLE LANDS WERE OUR PLAYGROUND.

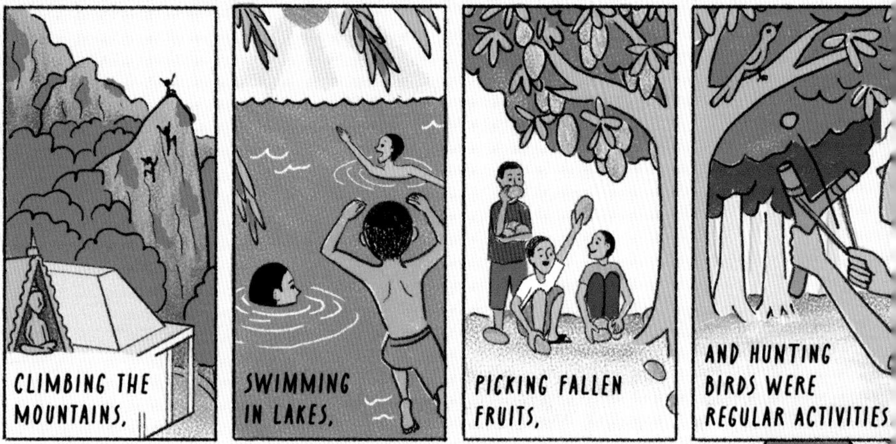
CLIMBING THE MOUNTAINS,
SWIMMING IN LAKES,
PICKING FALLEN FRUITS,
AND HUNTING BIRDS WERE REGULAR ACTIVITIES.

I ALSO LOVED GOING TO THE OUTDOOR MOVIE THEATER. THE ONLY TIME I EVER STOLE MONEY FROM MY MOM WAS TO BUY A TICKET TO SEE A MOVIE CALLED TITANIC.

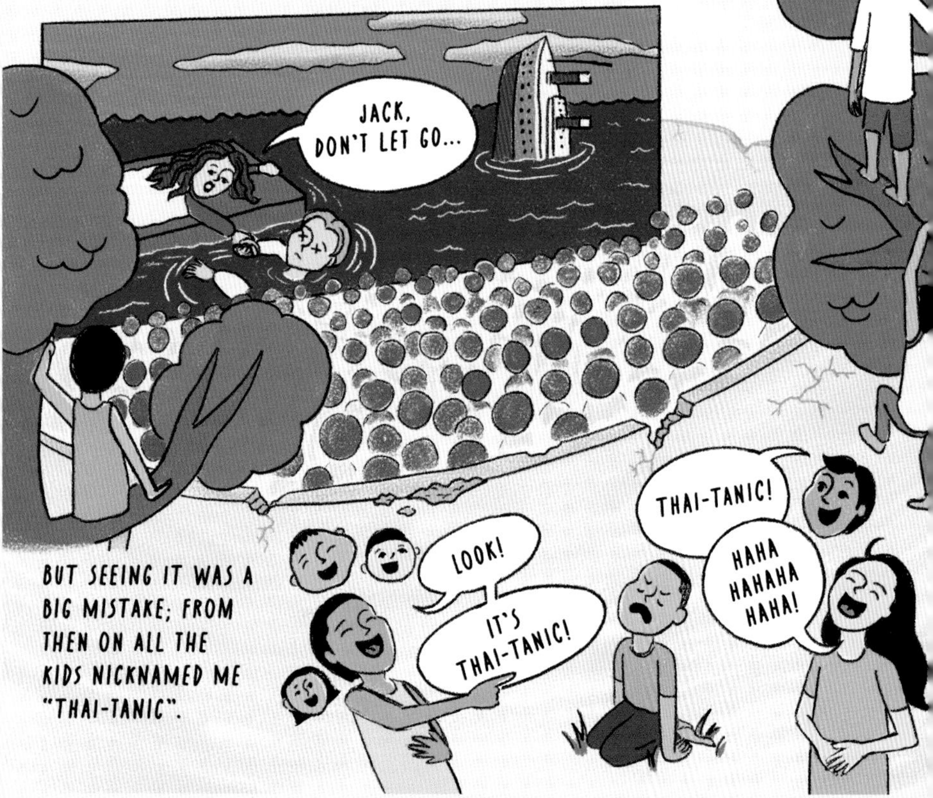
JACK, DON'T LET GO...
BUT SEEING IT WAS A BIG MISTAKE; FROM THEN ON ALL THE KIDS NICKNAMED ME "THAI-TANIC".
LOOK!
IT'S THAI-TANIC!
THAI-TANIC!
HAHA HAHAHA HAHA!

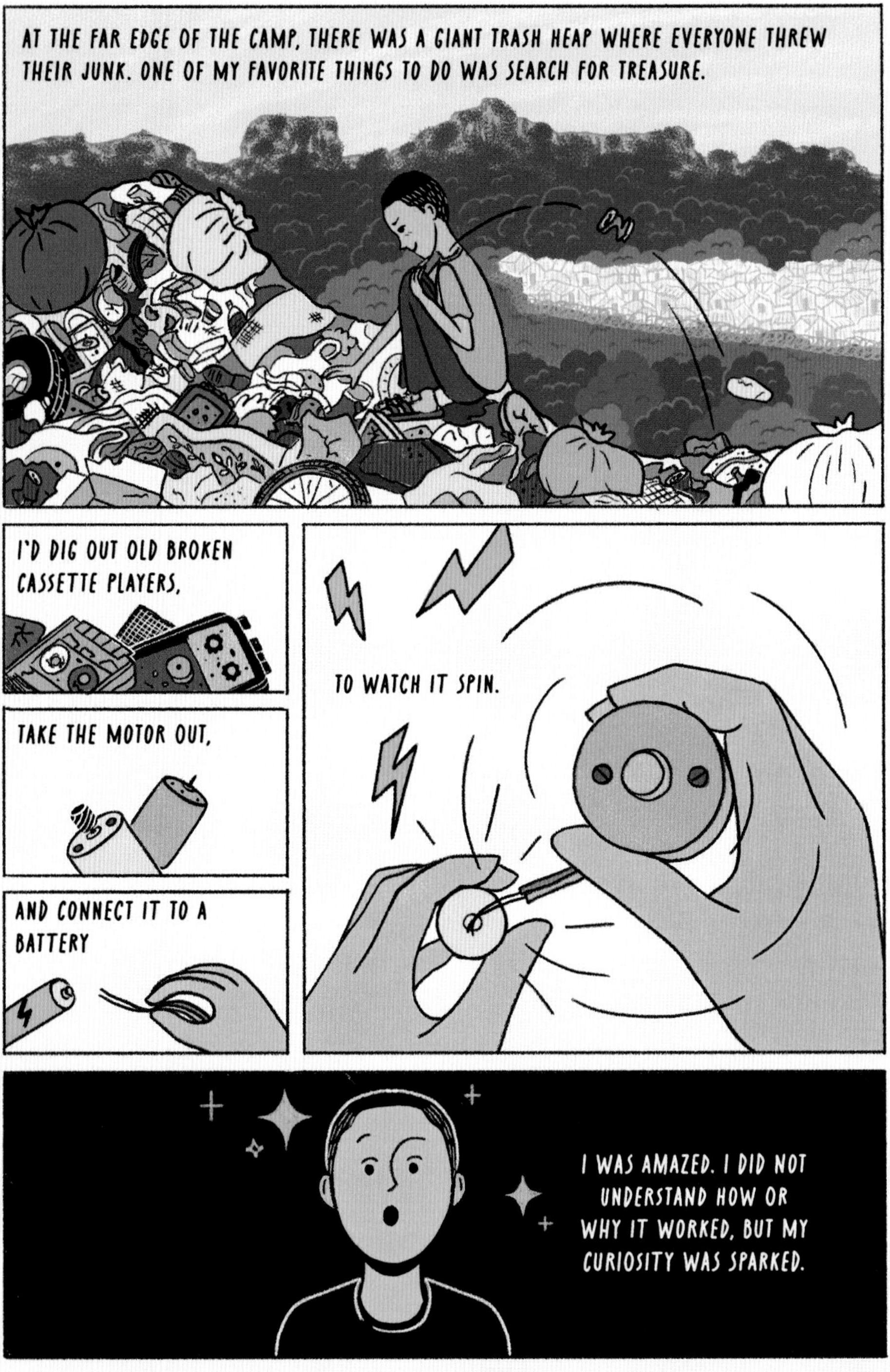
AT THE FAR EDGE OF THE CAMP, THERE WAS A GIANT TRASH HEAP WHERE EVERYONE THREW THEIR JUNK. ONE OF MY FAVORITE THINGS TO DO WAS SEARCH FOR TREASURE.
I'D DIG OUT OLD BROKEN CASSETTE PLAYERS,
TAKE THE MOTOR OUT,
AND CONNECT IT TO A BATTERY
TO WATCH IT SPIN.
I WAS AMAZED. I DID NOT UNDERSTAND HOW OR WHY IT WORKED, BUT MY CURIOSITY WAS SPARKED.

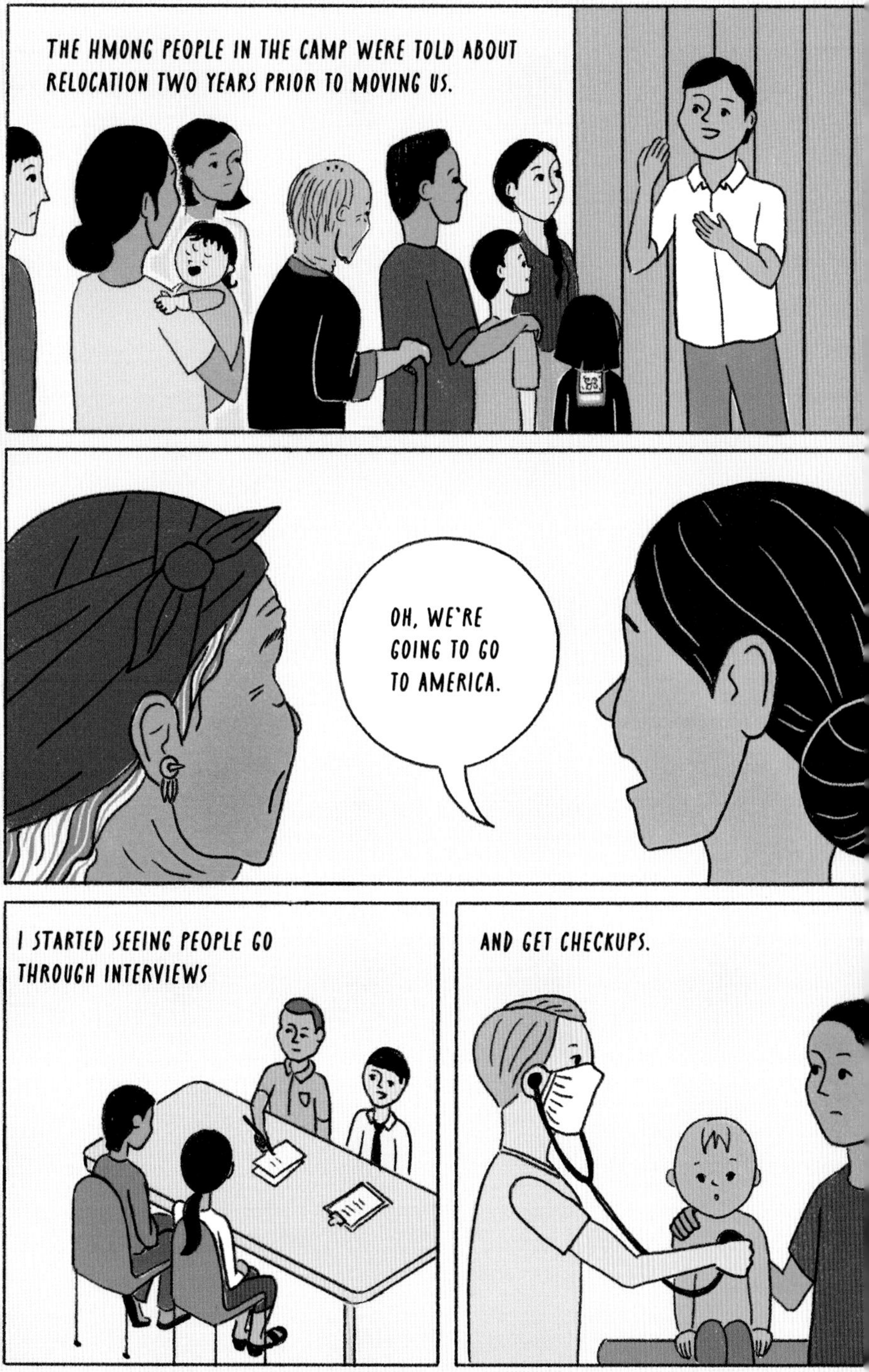
THE HMONG PEOPLE IN THE CAMP WERE TOLD ABOUT RELOCATION TWO YEARS PRIOR TO MOVING US.
OH, WE'RE GOING TO GO TO AMERICA.
I STARTED SEEING PEOPLE GO THROUGH INTERVIEWS
AND GET CHECKUPS.

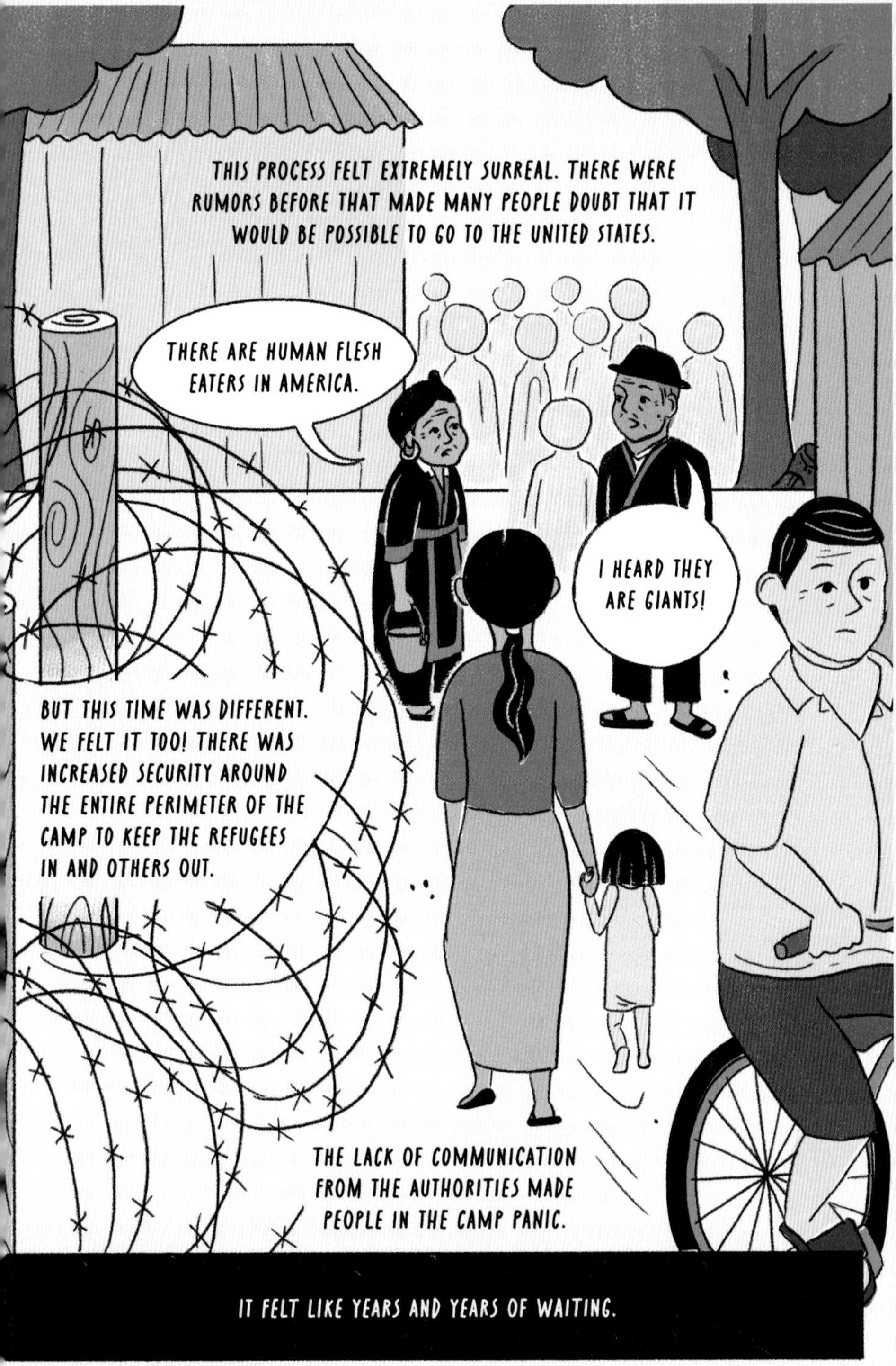
THIS PROCESS FELT EXTREMELY SURREAL. THERE WERE RUMORS BEFORE THAT MADE MANY PEOPLE DOUBT THAT IT WOULD BE POSSIBLE TO GO TO THE UNITED STATES.
THERE ARE HUMAN FLESH EATERS IN AMERICA.
I HEARD THEY ARE GIANTS!
BUT THIS TIME WAS DIFFERENT. WE FELT IT TOO! THERE WAS INCREASED SECURITY AROUND THE ENTIRE PERIMETER OF THE CAMP TO KEEP THE REFUGEES IN AND OTHERS OUT.
THE LACK OF COMMUNICATION FROM THE AUTHORITIES MADE PEOPLE IN THE CAMP PANIC.
IT FELT LIKE YEARS AND YEARS OF WAITING.

ONE TIME MY OLDER FRIENDS AND I WENT TO THE HOSPITAL WHERE THEY DID ALL THE INTERVIEWS AND CHECKUPS. WE LOOKED AT THE WORLD MAP.

I HAD NO IDEA WHERE THINGS WERE SO THEY POINTED OUT THE ROUTE TO THE UNITED STATES.

THEY SAID WE'D GO FROM BANGKOK

TO JAPAN

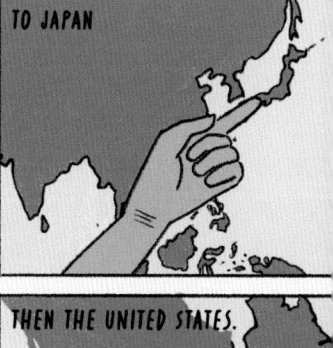

THEN THE UNITED STATES.

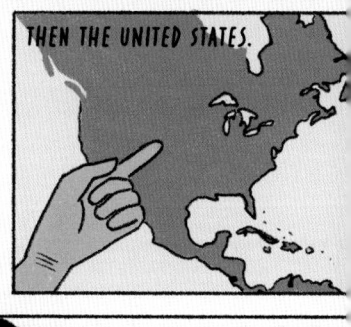

WHY ARE WE GOING BACKWARDS TO JAPAN AND THEN FLYING BEHIND THE MAP TO THE UNITED STATES?!

I WAS SO CONFUSED.

WHY WOULD WE GO ALL THE WAY TO THE BACK OF THE MAP TO GET THERE?

I WAS SO OUT OF TOUCH WITH THE WORLD, I DIDN'T KNOW THAT THE WORLD IS A SPHERE AND IT WAS SHORTER THE OTHER WAY AROUND.

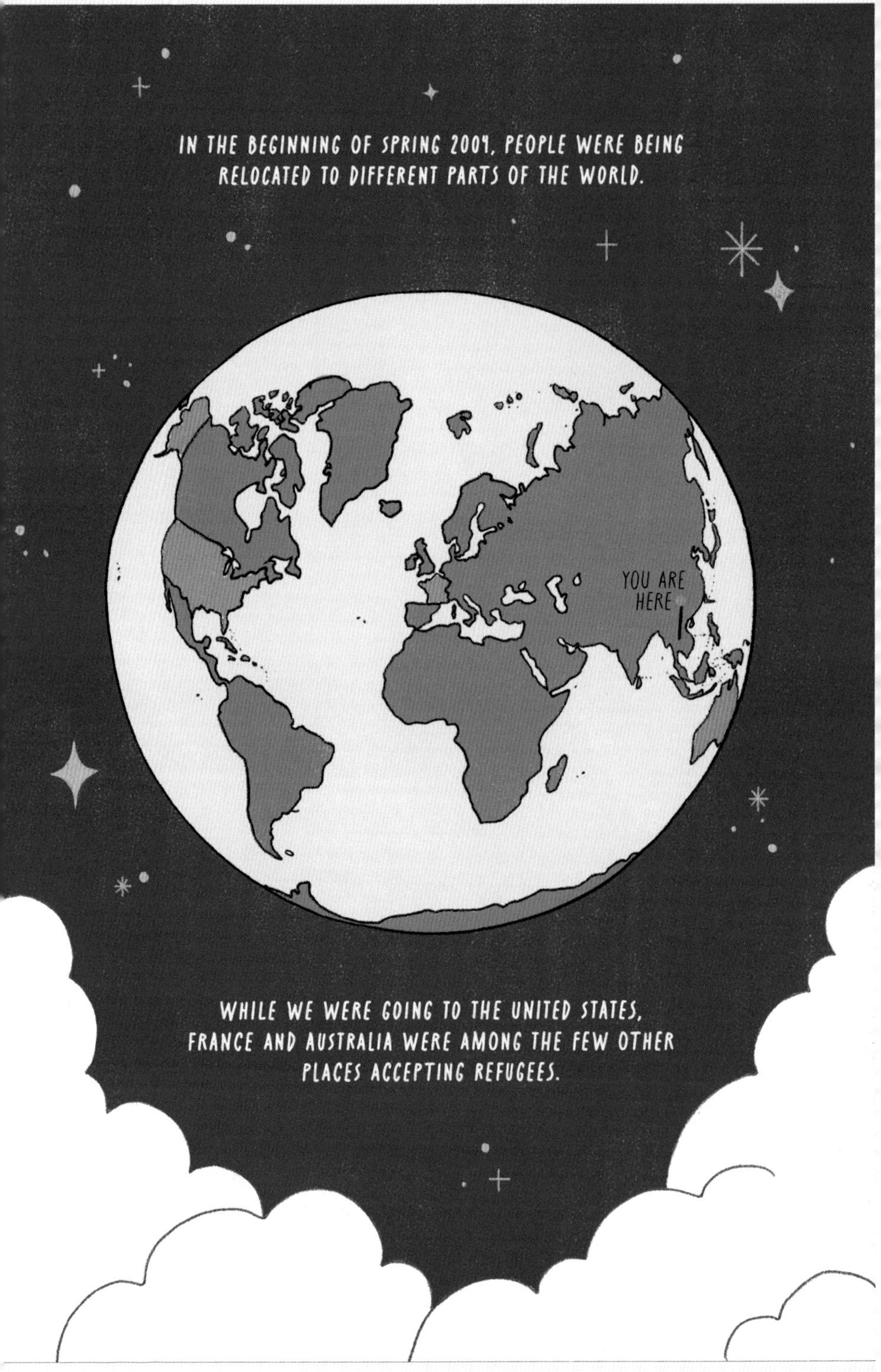
IN THE BEGINNING OF SPRING 2004, PEOPLE WERE BEING RELOCATED TO DIFFERENT PARTS OF THE WORLD.
YOU ARE HERE
WHILE WE WERE GOING TO THE UNITED STATES, FRANCE AND AUSTRALIA WERE AMONG THE FEW OTHER PLACES ACCEPTING REFUGEES.

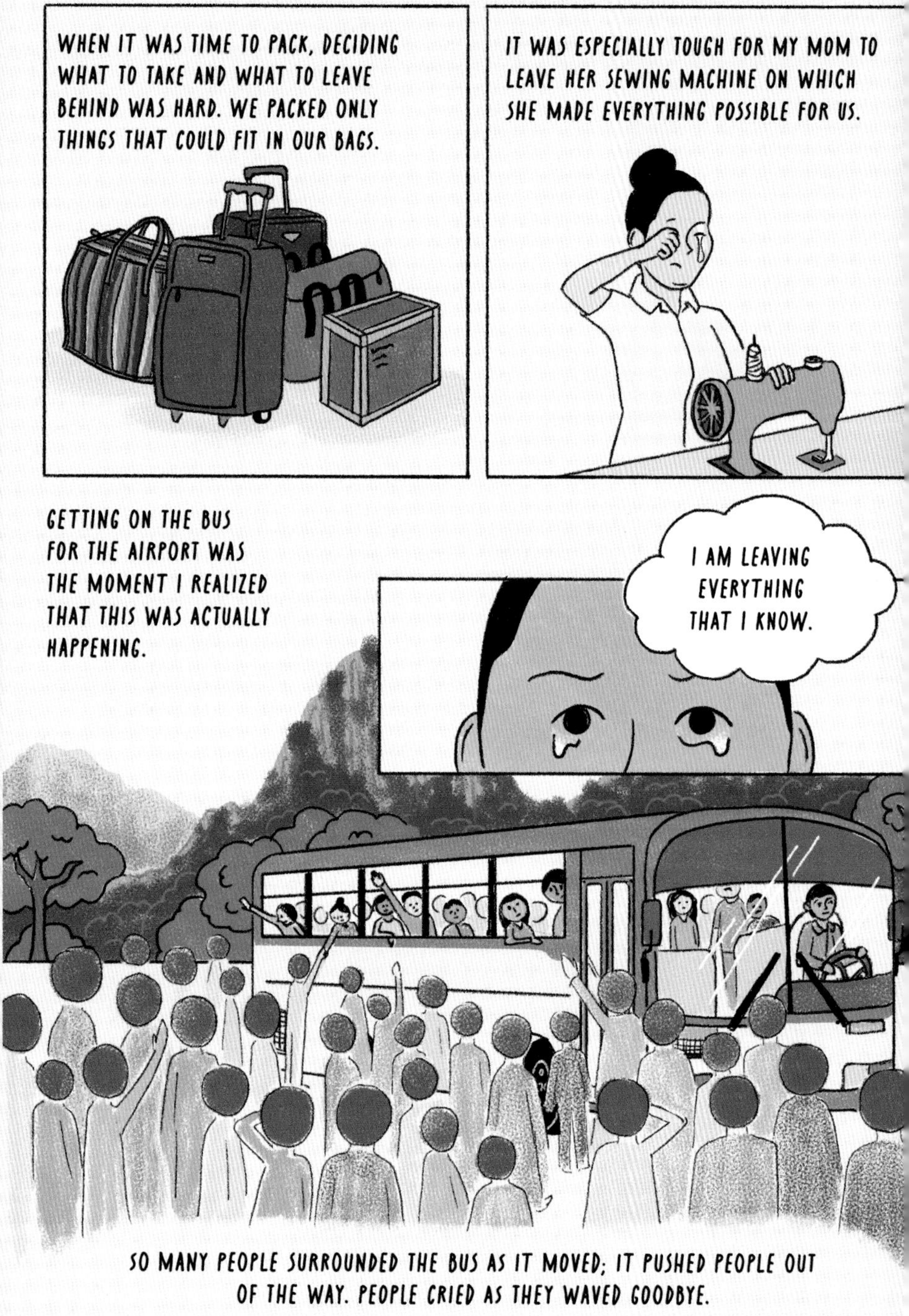
WHEN IT WAS TIME TO PACK, DECIDING WHAT TO TAKE AND WHAT TO LEAVE BEHIND WAS HARD. WE PACKED ONLY THINGS THAT COULD FIT IN OUR BAGS.
IT WAS ESPECIALLY TOUGH FOR MY MOM TO LEAVE HER SEWING MACHINE ON WHICH SHE MADE EVERYTHING POSSIBLE FOR US.
GETTING ON THE BUS FOR THE AIRPORT WAS THE MOMENT I REALIZED THAT THIS WAS ACTUALLY HAPPENING.
I AM LEAVING EVERYTHING THAT I KNOW.
SO MANY PEOPLE SURROUNDED THE BUS AS IT MOVED; IT PUSHED PEOPLE OUT OF THE WAY. PEOPLE CRIED AS THEY WAVED GOODBYE.

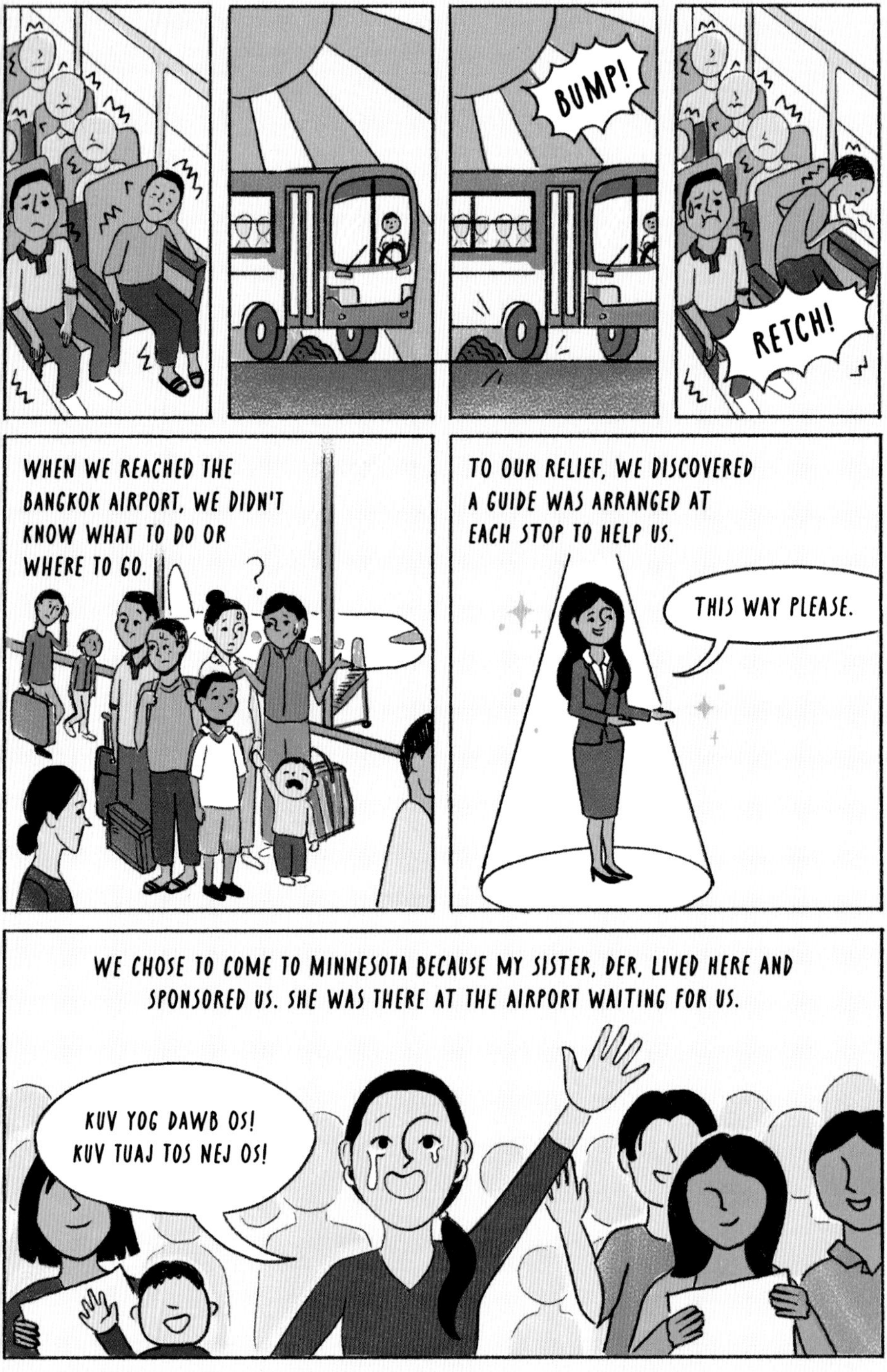
BUMP!
RETCH!
WHEN WE REACHED THE BANGKOK AIRPORT, WE DIDN'T KNOW WHAT TO DO OR WHERE TO GO.
?
TO OUR RELIEF, WE DISCOVERED A GUIDE WAS ARRANGED AT EACH STOP TO HELP US.
THIS WAY PLEASE.
WE CHOSE TO COME TO MINNESOTA BECAUSE MY SISTER, DER, LIVED HERE AND SPONSORED US. SHE WAS THERE AT THE AIRPORT WAITING FOR US.
KUV YOG DAWB OS!
KUV TUAJ TOS NEJ OS!

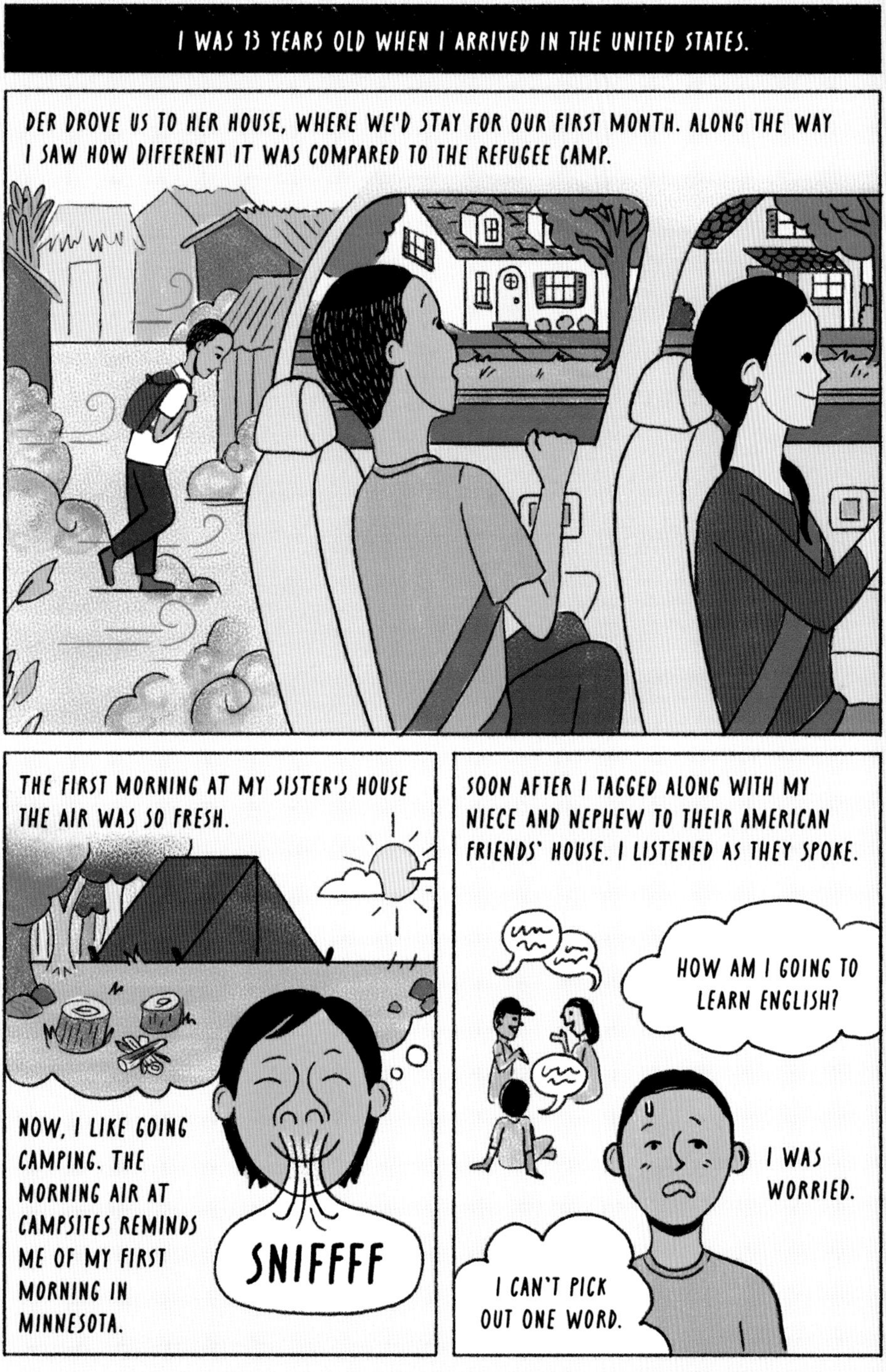
I WAS 13 YEARS OLD WHEN I ARRIVED IN THE UNITED STATES.
DER DROVE US TO HER HOUSE, WHERE WE'D STAY FOR OUR FIRST MONTH. ALONG THE WAY I SAW HOW DIFFERENT IT WAS COMPARED TO THE REFUGEE CAMP.
THE FIRST MORNING AT MY SISTER'S HOUSE THE AIR WAS SO FRESH.
NOW, I LIKE GOING CAMPING. THE MORNING AIR AT CAMPSITES REMINDS ME OF MY FIRST MORNING IN MINNESOTA.
SNIFFFF
SOON AFTER I TAGGED ALONG WITH MY NIECE AND NEPHEW TO THEIR AMERICAN FRIENDS' HOUSE. I LISTENED AS THEY SPOKE.
HOW AM I GOING TO LEARN ENGLISH?
I WAS WORRIED.
I CAN'T PICK OUT ONE WORD.

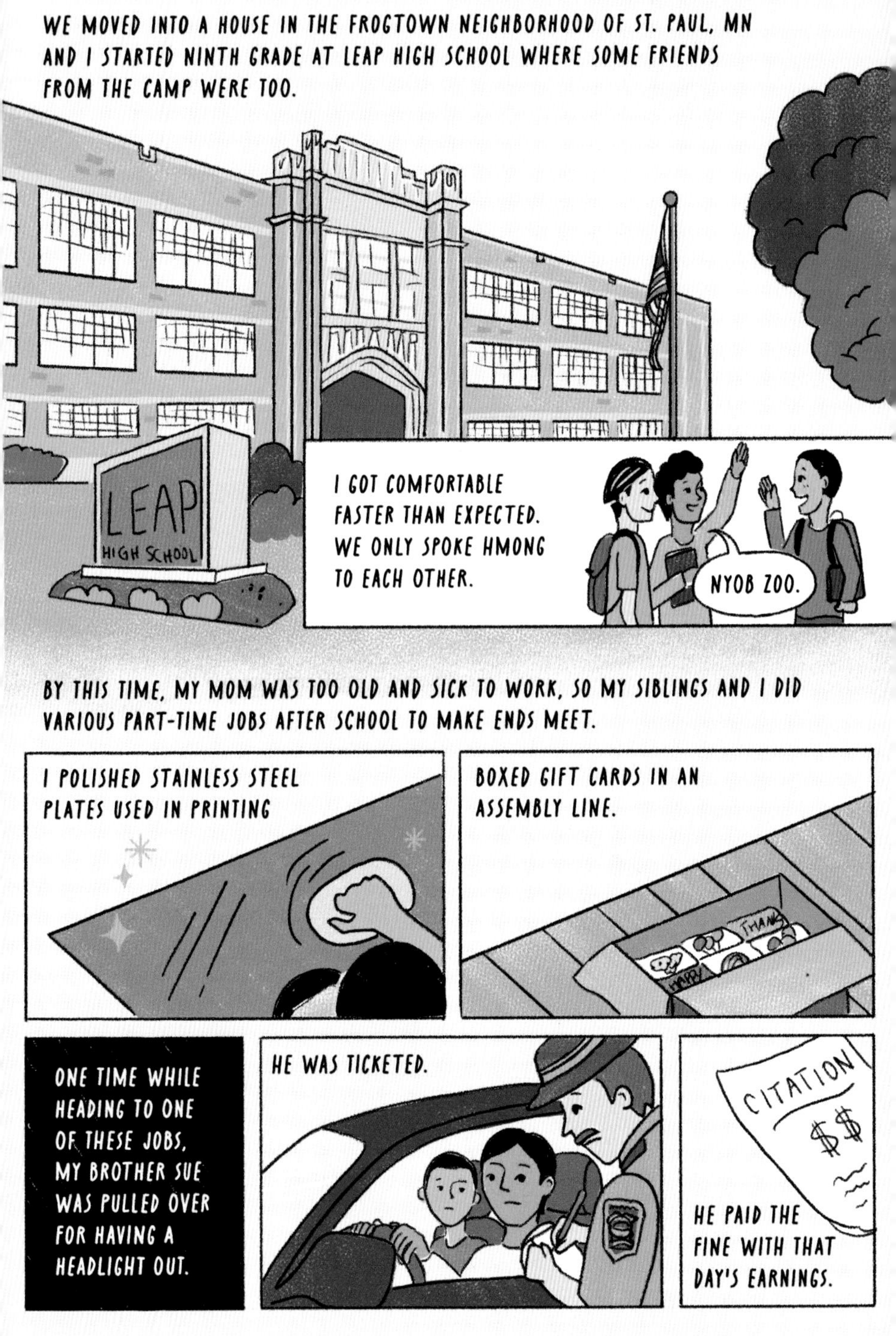
WE MOVED INTO A HOUSE IN THE FROGTOWN NEIGHBORHOOD OF ST. PAUL, MN AND I STARTED NINTH GRADE AT LEAP HIGH SCHOOL WHERE SOME FRIENDS FROM THE CAMP WERE TOO.
LEAP
HIGH SCHOOL
I GOT COMFORTABLE FASTER THAN EXPECTED. WE ONLY SPOKE HMONG TO EACH OTHER.
NYOB ZOO.
BY THIS TIME, MY MOM WAS TOO OLD AND SICK TO WORK, SO MY SIBLINGS AND I DID VARIOUS PART-TIME JOBS AFTER SCHOOL TO MAKE ENDS MEET.
I POLISHED STAINLESS STEEL PLATES USED IN PRINTING
BOXED GIFT CARDS IN AN ASSEMBLY LINE.
ONE TIME WHILE HEADING TO ONE OF THESE JOBS, MY BROTHER SUE WAS PULLED OVER FOR HAVING A HEADLIGHT OUT.
HE WAS TICKETED.
CITATION
$$
HE PAID THE FINE WITH THAT DAY'S EARNINGS.

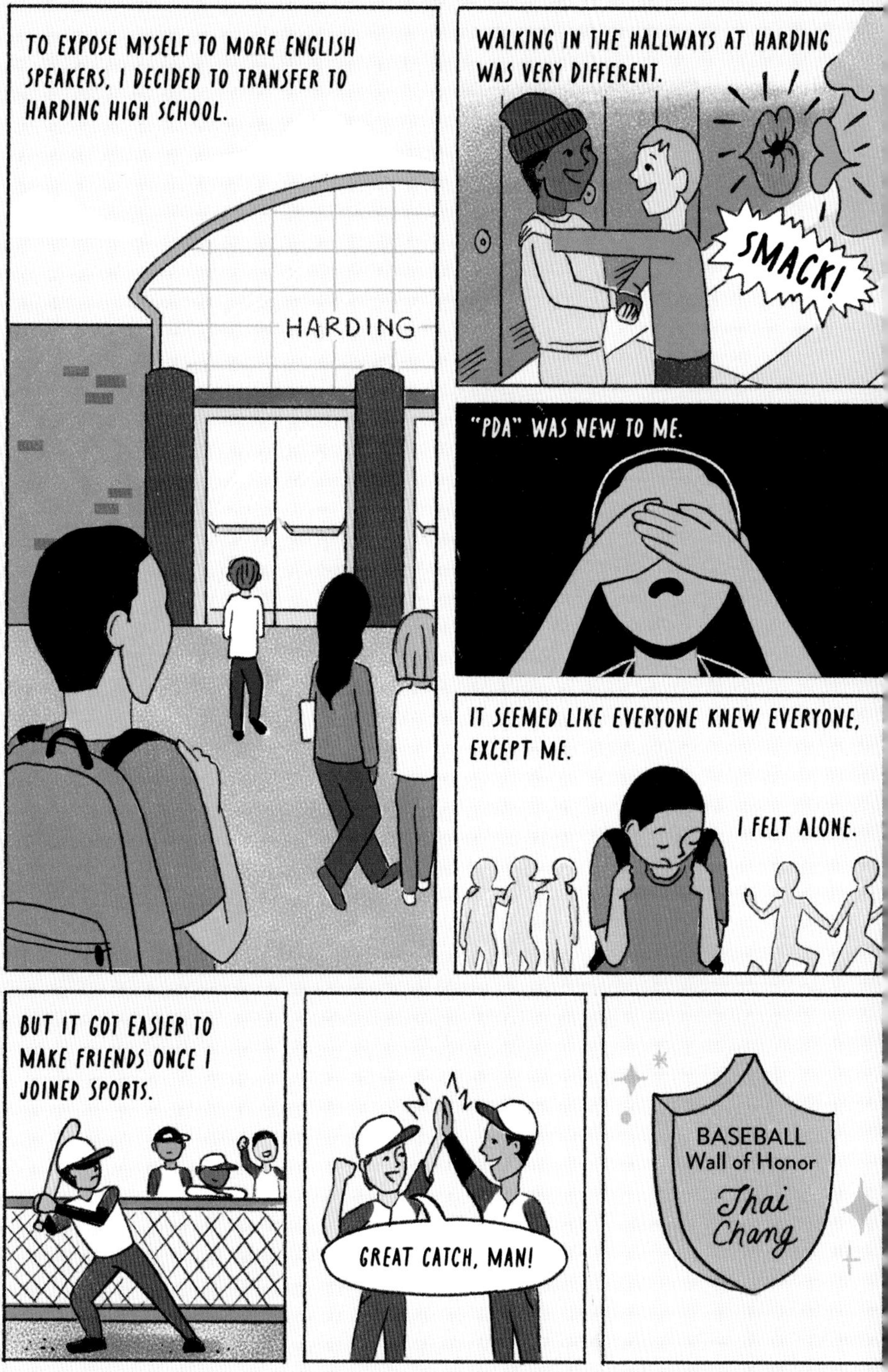
TO EXPOSE MYSELF TO MORE ENGLISH SPEAKERS, I DECIDED TO TRANSFER TO HARDING HIGH SCHOOL.
HARDING
WALKING IN THE HALLWAYS AT HARDING WAS VERY DIFFERENT.
SMACK!
"PDA" WAS NEW TO ME.
IT SEEMED LIKE EVERYONE KNEW EVERYONE, EXCEPT ME.
I FELT ALONE.
BUT IT GOT EASIER TO MAKE FRIENDS ONCE I JOINED SPORTS.
GREAT CATCH, MAN!
BASEBALL
Wall of Honor
Thai Chang

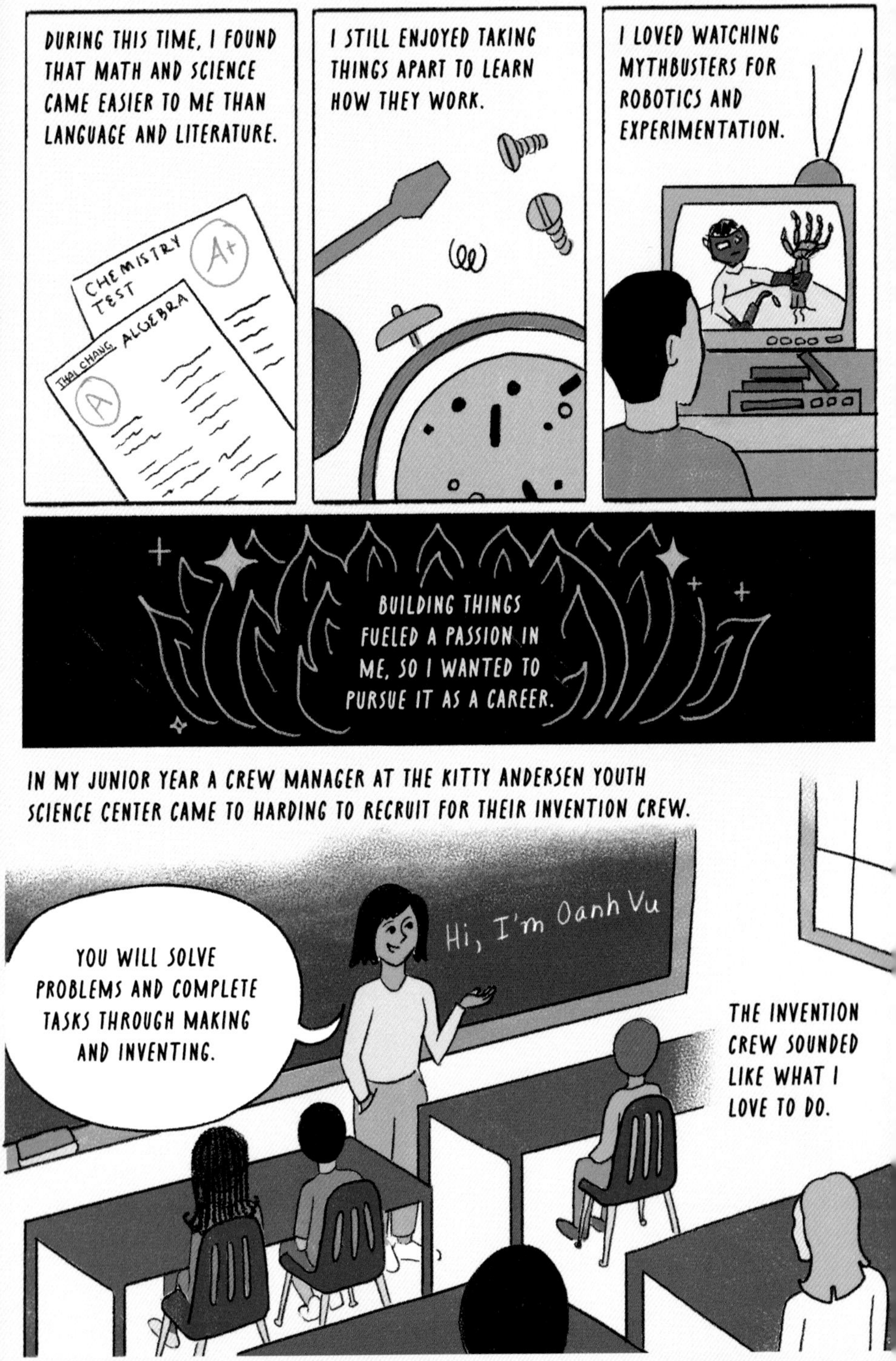
DURING THIS TIME, I FOUND THAT MATH AND SCIENCE CAME EASIER TO ME THAN LANGUAGE AND LITERATURE.
CHEMISTRY TEST
A+
THAI CHANG ALGEBRA
A
I STILL ENJOYED TAKING THINGS APART TO LEARN HOW THEY WORK.
I LOVED WATCHING MYTHBUSTERS FOR ROBOTICS AND EXPERIMENTATION.
BUILDING THINGS FUELED A PASSION IN ME, SO I WANTED TO PURSUE IT AS A CAREER.
IN MY JUNIOR YEAR A CREW MANAGER AT THE KITTY ANDERSEN YOUTH SCIENCE CENTER CAME TO HARDING TO RECRUIT FOR THEIR INVENTION CREW.
Hi, I'm Oanh Vu
YOU WILL SOLVE PROBLEMS AND COMPLETE TASKS THROUGH MAKING AND INVENTING.
THE INVENTION CREW SOUNDED LIKE WHAT I LOVE TO DO.

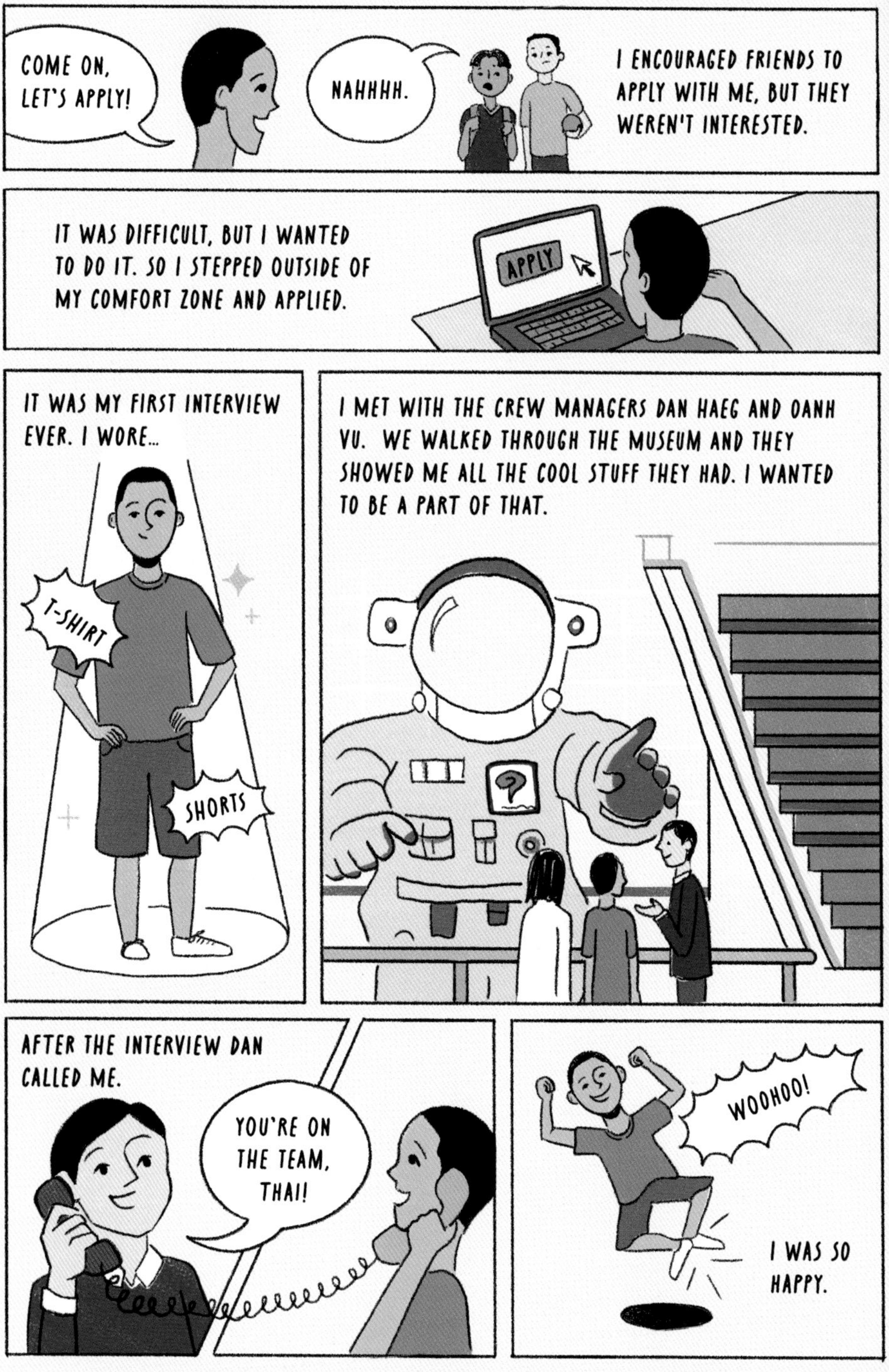
COME ON, LET'S APPLY!
NAHHHH.
I ENCOURAGED FRIENDS TO APPLY WITH ME, BUT THEY WEREN'T INTERESTED.
IT WAS DIFFICULT, BUT I WANTED TO DO IT. SO I STEPPED OUTSIDE OF MY COMFORT ZONE AND APPLIED.
APPLY
IT WAS MY FIRST INTERVIEW EVER. I WORE...
T-SHIRT
SHORTS
I MET WITH THE CREW MANAGERS DAN HAEG AND OANH VU. WE WALKED THROUGH THE MUSEUM AND THEY SHOWED ME ALL THE COOL STUFF THEY HAD. I WANTED TO BE A PART OF THAT.
AFTER THE INTERVIEW DAN CALLED ME.
YOU'RE ON THE TEAM, THAI!
WOOHOO!
I WAS SO HAPPY.

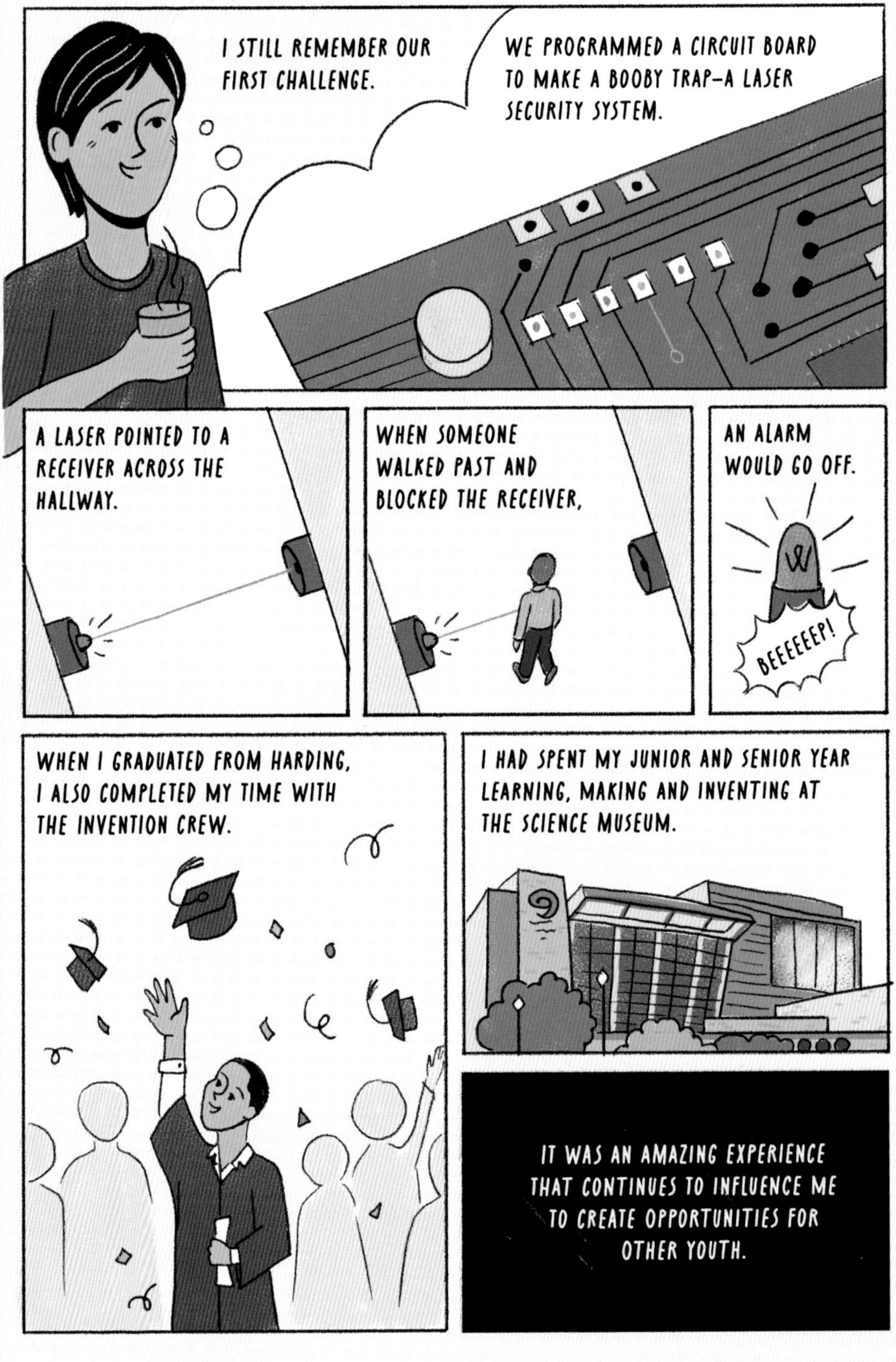
I STILL REMEMBER OUR FIRST CHALLENGE.
WE PROGRAMMED A CIRCUIT BOARD TO MAKE A BOOBY TRAP—A LASER SECURITY SYSTEM.
A LASER POINTED TO A RECEIVER ACROSS THE HALLWAY.
WHEN SOMEONE WALKED PAST AND BLOCKED THE RECEIVER,
AN ALARM WOULD GO OFF.
BEEEEEEP!
WHEN I GRADUATED FROM HARDING, I ALSO COMPLETED MY TIME WITH THE INVENTION CREW.
I HAD SPENT MY JUNIOR AND SENIOR YEAR LEARNING, MAKING AND INVENTING AT THE SCIENCE MUSEUM.
IT WAS AN AMAZING EXPERIENCE THAT CONTINUES TO INFLUENCE ME TO CREATE OPPORTUNITIES FOR OTHER YOUTH.

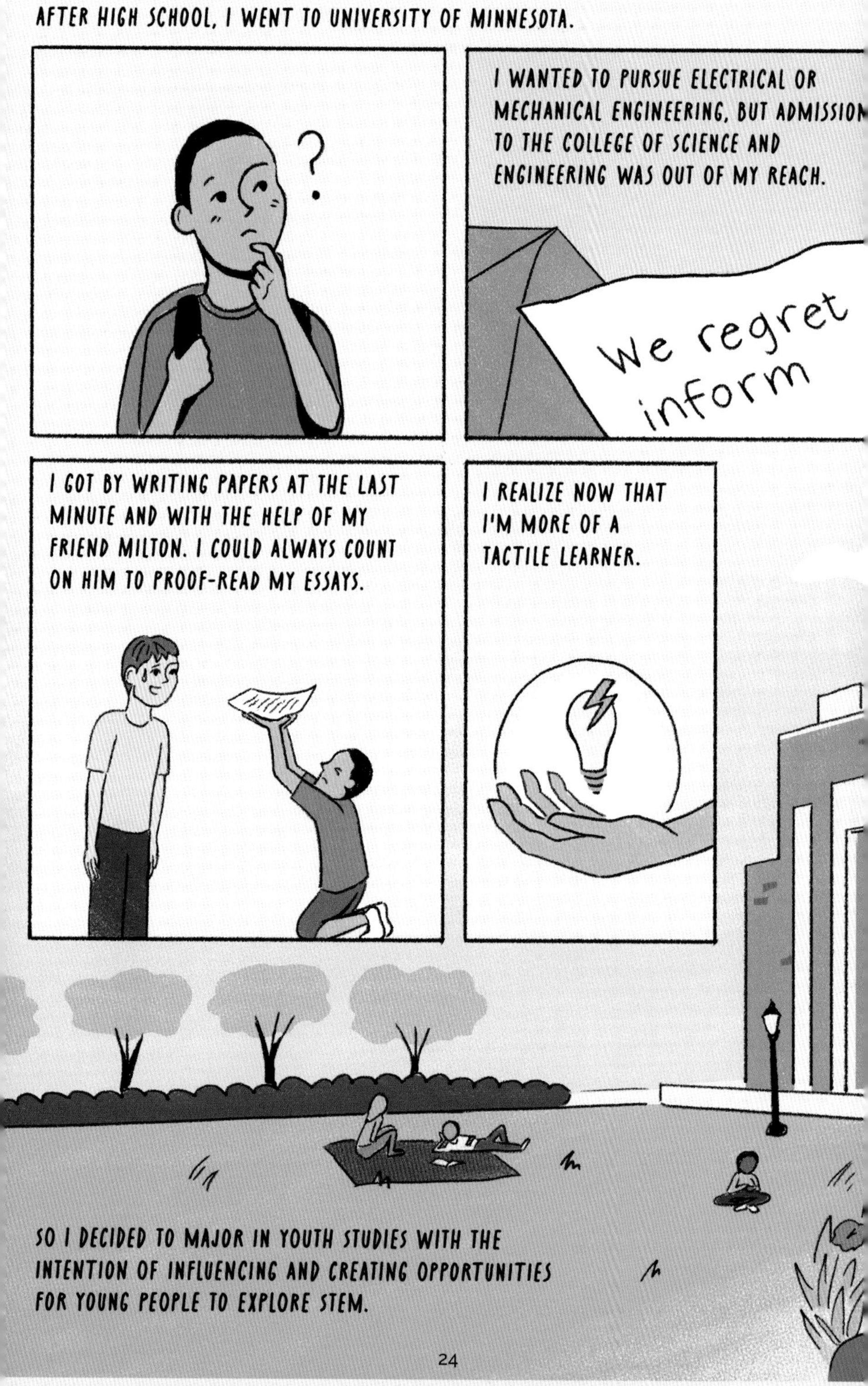
AFTER HIGH SCHOOL, I WENT TO UNIVERSITY OF MINNESOTA.
?
I WANTED TO PURSUE ELECTRICAL OR MECHANICAL ENGINEERING, BUT ADMISSION TO THE COLLEGE OF SCIENCE AND ENGINEERING WAS OUT OF MY REACH.
We regret
inform
I GOT BY WRITING PAPERS AT THE LAST MINUTE AND WITH THE HELP OF MY FRIEND MILTON. I COULD ALWAYS COUNT ON HIM TO PROOF-READ MY ESSAYS.
I REALIZE NOW THAT I'M MORE OF A TACTILE LEARNER.
SO I DECIDED TO MAJOR IN YOUTH STUDIES WITH THE INTENTION OF INFLUENCING AND CREATING OPPORTUNITIES FOR YOUNG PEOPLE TO EXPLORE STEM.

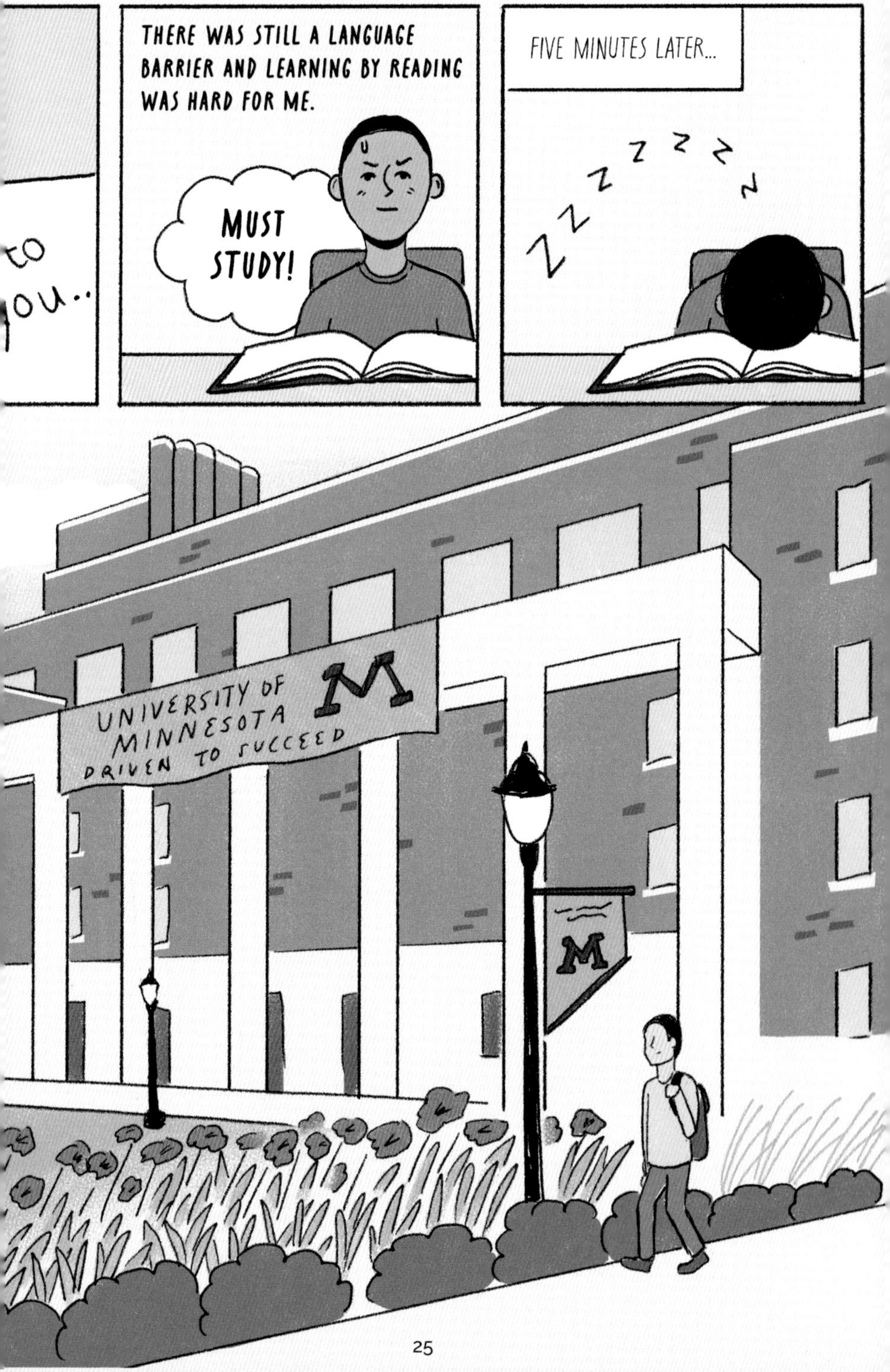
to
you..
THERE WAS STILL A LANGUAGE BARRIER AND LEARNING BY READING WAS HARD FOR ME.
MUST STUDY!
FIVE MINUTES LATER...
Z Z Z Z Z Z Z
UNIVERSITY OF MINNESOTA
DRIVEN TO SUCCEED
M

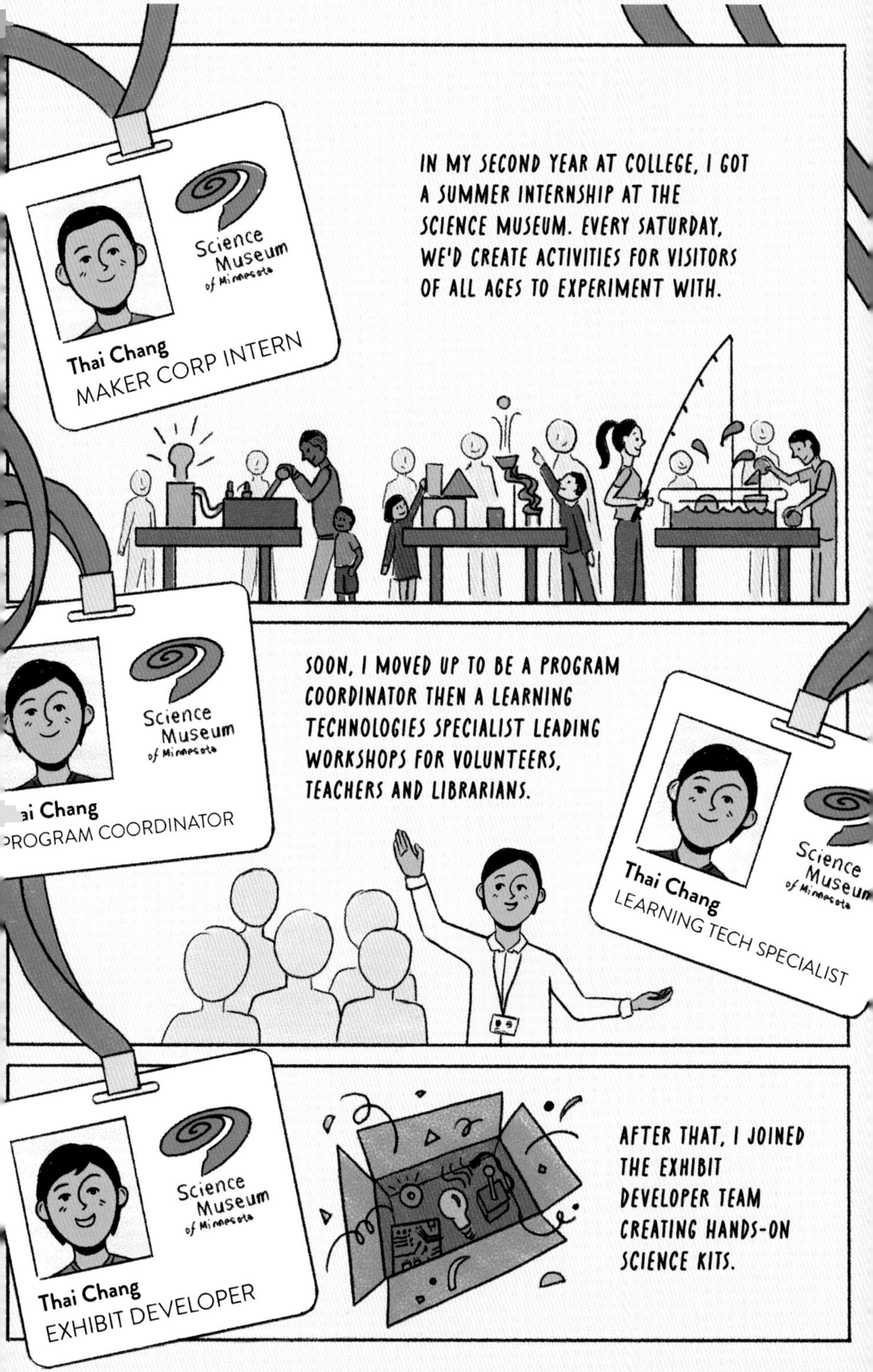
Thai Chang
MAKER CORP INTERN
Science Museum of Minnesota
IN MY SECOND YEAR AT COLLEGE, I GOT A SUMMER INTERNSHIP AT THE SCIENCE MUSEUM. EVERY SATURDAY, WE'D CREATE ACTIVITIES FOR VISITORS OF ALL AGES TO EXPERIMENT WITH.
Science Museum of Minnesota
PROGRAM COORDINATOR
SOON, I MOVED UP TO BE A PROGRAM COORDINATOR THEN A LEARNING TECHNOLOGIES SPECIALIST LEADING WORKSHOPS FOR VOLUNTEERS, TEACHERS AND LIBRARIANS.
Thai Chang
LEARNING TECH SPECIALIST
Thai Chang
EXHIBIT DEVELOPER
Science Museum of Minnesota
AFTER THAT, I JOINED THE EXHIBIT DEVELOPER TEAM CREATING HANDS-ON SCIENCE KITS.

A YEAR LATER, WHEN AN EXHIBIT FABRICATOR OPPORTUNITY OPENED I APPLIED AND GOT IT! IT'S MY CURRENT POSITION.

I GET TO TURN IDEAS INTO EXHIBITS THAT INSPIRE LEARNING.

Thai Chang
EXHIBIT FABRICATOR

Science Museum of Minnesota

ALL MY PROGRAMS AND PROJECTS WERE DONE COLLECTIVELY WITH AMAZING TEAMS.

THE MUSEUM IS A BIG INSTITUTION BUT IT FEELS LIKE A SMALL COMMUNITY.
I LOVE WORKING AT THE SCIENCE MUSEUM BECAUSE OF THE PEOPLE AND ITS MISSION.

Turn on the Science: Inspire Learning. Inform Policy. Improve lives.

EVEN THOUGH IT HAS BEEN OVER A DECADE IT IS STILL SURREAL TO THINK OF

WHERE I WAS AND

WHERE I AM NOW.

TRAVELLING

AROUND THE WORLD TO INSTALL EXHIBITS.

THE REFUGEE CAMP WAS A GREAT PLACE TO RUN AROUND, BUT IT LACKED HOPES AND DREAMS.

I'M GRATEFUL TO BE WHERE I AM AND THANKFUL FOR THOSE WHO HELPED ME TINKER TOWARDS MY SPARK.

DISCUSSION QUESTIONS

UNDERSTAND THE STORY...

Thinking Within

1. Where was Thai born? What is his heritage?
2. What were some of the reasons he and his family lived in the camp?
3. What were some things Thai struggled with after he arrived in the United States?

Thinking Beyond

1. Compare and contrast life in the refugee camp in Thailand and life in Minnesota. How are they similar? How are they different?
2. How did Thai move outside of his comfort zone into new opportunities that were more aligned with his passions?
3. What steps did Thai have to take in order to make his dream a reality?
4. What do you think will happen next in Thai's life? Why do you think that?
5. If you could meet Thai, what questions would you ask him?

Thinking About

1. Think about the title, "Tinkering Towards My Spark." What is his spark, and how does Thai share it with others?
2. What is one character trait to describe Thai? Provide text evidence to support your thinking.

...STITCH TO YOURS.

1. Describe a person you know who really likes science, tinkering and taking things apart.
2. Tell us about a time when you went out of your comfort zone and tried something new. What made you want to try it? What did you learn about yourself as a result?
3. How was Thai's childhood similar to or different from your own childhood?

Learn more about *Story Stitch* at www.storystitch.org

IMPORTANT CONCEPTS

Migration

Migration means the movement of a person or people from one country, locality, place of residence, to settle in another. Sometimes people move because they hope that they will be able to better themselves, or to escape extreme and unsafe circumstances. New arrivals often face similar challenges in their new country but they also face successes.

Example: When it was time for Thai's family to pack, deciding what to take and what to leave behind was hard. They packed only things that could fit in their bags (see page 12).

Refugee Camps

Refugee camps are temporary facilities built to provide immediate protection and assistance to people who have been forced to flee their homes due to war, persecution or violence. They are not permanent solutions, but offer a safe haven for refugees and meet their most basic needs such as food, water, shelter, medical treatment and other services during emergencies.

Example: The childrens' perspective of the camp was that it was a series of adventures, the temple's land was their playground (see page 6).

Resettlement (post-migration)

In the global context, the selection and transfer of refugees from a country in which they have sought protection to a third country which has agreed to admit them as refugees with permanent residence status.

Example: When Thai couldn't pick one word from the English conversation between his niece and nephew's American friends, he was worried about how he was going to learn English (see page 14).

Scientific Inquiry

Scientific inquiry is when people use evidence from observations and investigations to create logical explanations and answer questions.

Example: Thai would dig out old broken cassette players, take the motor out and connect it to a battery to watch it spin. He did not understand how it worked or why it worked but his curiosity was sparked (see page 7).

WORDS TO KNOW

Hmong: An ethnic group that has no country of their own and originally from the mountains of China, Vietnam, Laos, and Thailand with unique traditions, language, and history.

The Secret War: Also known as the Vietnam War, where Hmong people were recruited by the American government to help fight against communism in neighboring Laos.

STEM: Stands for Science, Technology, Engineering, and Mathematics.

Tactile Learner: Someone who learns by touching or doing, often called "hands on" learning.

Tinker: (noun) A person who makes minor mechanical repairs, especially on a variety of appliances and apparatuses, usually for a living; (verb) Attempting to repair something.

ADDITIONAL RESOURCES

"Wat Tham Krabok." *Wikipedia*, May 2024, https://en.wikipedia.org/wiki/Wat_Tham_Krabok

"Hmong People Facts for Kids." *Kiddle Kpedia*, May 2024, https://bit.ly/kids-kiddle-hmong-people

THANK YOU

We are grateful to our amazing Green Card Voices staff, board, volunteers, funders, and the many supporters of GCV nationwide. Our gratitude goes to translator Bee Vang-Moua, copyeditors John Medeiros and Nicole Montana, Kathy Seipp who wrote the curriculum section, and Pang Hlub Xiong for the review. A special thank you to the following funders: Metropolitan Regional Arts Council (MRAC), Marbrook Foundation, and the Minnesota Humanities Center. Finally, Thai would like to give thanks to Dan Haeg, Oanh Vu, Keith Braafladt, Dave Bailey, Dan Dahm, Mark Anderson, Ben Meir, Mark Hegnauer, Kate Swanson, and Aaron Schmoll for their invaluable mentorship; the Science Museum of Minnesota for providing him a platform to explore and share his love of science with others; and to Milton and Asha for their amazing friendship. Thai also extends his heartfelt appreciation to his devoted mother for her countless sacrifices, his supportive siblings, and his wife, Gaohua, for her love and encouragement.

ABOUT GREEN CARD VOICES

Founded in 2013, Green Card Voices (GCV) is a nonprofit organization that utilizes storytelling to share personal narratives of America's immigrants, establishing a better understanding between immigrants and their communities. Our dynamic video-based platform, book collections, traveling exhibits, podcast, and Story Stitch circles empower individuals of various backgrounds to acquire authentic first-person perspectives about immigrants' lives, increasing appreciation of the immigrant experience in the United States.

Green Card Voices was born from the idea that the broad narratives of current immigrants should be communicated in a way that is true to each individual's story. We seek to be a new lens for participants in the immigration dialogue and to build a bridge between immigrants and nonimmigrants—newcomers and the receiving community—across the country. We do this by sharing the firsthand immigration stories of foreign-born Americans and helping others to see the "wave of immigrants" as individuals with interesting stories of family, hard work, and cultural diversity.

To date, the GCV team has recorded the life stories of more than five hundred immigrants coming from over one hundred and forty countries. All immigrants who decide to share their story with us are asked six open-ended questions and invited to share personal photos of life in their country of birth and in the United States. Their narratives are then edited to produce five-minute videos filled with unique stories, personal photographs, and music. These videos are available on www. GreenCardVoices.org and YouTube (free of charge and advertising).

Green Card Voices
2611 1st Ave S.
Minneapolis, MN 55408

612.889.7635
info@greencardvoices.org
www.greencardvoices.org